ANJOS DE DEUS

Anna Clara Alves
Marina Elena Costa
Regina M. Azevedo

ANJOS DE DEUS

Apresentação de Eduardo Cunha Farias
Introdução de Luis Pellegrini

Outras Palavras

Paginação e projeto gráfico: Outras Palavras
Copy-desk: Eduardo Araia
Capa: Projeto de Regina M. Azevedo sobre ilustração de Mário Diniz
Ilustrações : reproduções de bicos de pena por Gustave Doré

Índice

Para meus pais, Adão e Elena, anjos guardiães
Para Vinícius Sardinha Azevedo, anjinho de luz

Sinceros agradecimentos a
Eduardo Araia, anjo idealizador
Eduardo Cunha Farias, anjo incentivador
Luis Pellegrini, anjo inspirador
Maria Cristina Rosa de Almeida, anjo parceiro
Mário Diniz, anjo das Artes

R.M.A.

Apresentação

Nos anos 60, durante minha adolescência, li exaustivamente contos de fadas. Eu era muito solitário e, com certeza, as verdades arquetípicas contidas nas histórias infantis inconscientemente me alentavam e me mantinham psicologicamente estruturado. Os personagens elementais — gnomos, duendes, fadas, gênios —, nesta ocasião, eram apenas entes fantasiosos que inspiravam desenhos rabiscados durante as insuportáveis aulas de matemática.

Um dia encontrei um número da revista francesa *Planète*. Lembro ainda do deslumbramento ao folheá-la pela primeira vez: o formato quadrado, a capa primorosa, a elegância da composição gráfica, os temas impactantes. No Brasil, nessa ocasião, não havia nada que se comparasse a ela, quer na forma, quer no conteúdo. Rememorando agora, penso que essa experiência foi determinante para que a minha imaginação se projetasse para além das fronteiras nativas e os meus sonhos se aventurassem internacionalmente. Desejei ter acesso ao mundo.

Lendo e relendo os ocasionais exemplares que comprava com grande sacrifício econômico, descobri em referências esporádicas que os elementais eram considerados entes de natureza angélica. O que significava isso? Na oportunidade, para mim, era impossível ter respostas. Além de solitário, eu estava isolado. Ciente dessas condições, virginianamente arquivei a curiosidade.

Em nosso país, o movimento hippie conviveu com a revolução militar, e na virada para os anos 70 a política absorvia as atenções gerais. Mesmo as pessoas mais sensíveis e mentalmente inquietas da minha geração, polarizadas para o protesto político, sequer sabiam o que significava a palavra esoterismo. Eu continuava solitário e isolado. E continuava a estudar o muito pouco que estava disponível.

Foi nessa época que, bisbilhotando os alfarrabistas próximos à Praça da Sé, no centro de São Paulo, deparei com o meu primeiro livro sobre elementais. Uma obra de 560 páginas, cuja primeira edição datava de 1878, quase um século de existência. Foi uma quádrupla satisfação: como virginiano-solar, o prazer de possuir um primeiro catálogo sobre elementais; como canceriano-ascendente, o deleite da antiguidade; como pisciano-lunar, o sonho realizado de, enfim, adentrar a dimensão elemental; como meio-do-céu em Áries, a excitação do pioneirismo. Assim, através dos anjos menores da natureza, iniciei minha jornada rumo às dimensões angélicas.

Tendo a literatura sobre elementais um enfoque tradicionalmente descritivo, logo surgiu a necessidade de buscar textos mais conceituais sobre os espíritos angélicos. Um amigo católico presenteou-me com a *Summa Theologica* de São Tomás de Aquino (do século XII) e, mais adiante, consegui adquirir *De Caelo et ejus Mirabilibus et de Inferno ex Auditio et Visis,* de Emmanuel Swedenborg (do século XVIII). Ambos são tratados considerados clássicos, eternos e inestimáveis no que se refere à Angelologia.

Na chegada da década de 80, a extrema escassez de

bibliografia angelológica que caracterizava o século XX foi se reduzindo gradativamente com a publicação crescente de novos títulos, bem como a reedição de obras antigas. Datadas dos últimos quinze anos, possuo uma biblioteca com cerca de uma centena de obras específicas e selecionadas sobre anjos. Se as publicações de baixo nível e de caráter oportunista fizessem parte da minha coleção, o número de textos provavelmente dobraria.

A meu ver, há pelo menos três motivos para o atual renascimento da Angelologia, um esotérico e dois exotéricos. Esotericamente, a causa seria a profetizada abertura de alguns portais sutis determinando uma maior comunicação entre as hierarquias angélicas e os humanos sensíveis neste final de milênio. Este fenômeno transcendente propiciará, a quem puder aproveitá-lo, forte impulso evolutivo. Exotericamente, a primeira razão seria uma espiritualização gradativa da população mundial neste final de século como reação oposta ao materialismo que dominou até recentemente o mundo, tolheu a liberdade e ainda corrompe maciçamente a humanidade; a matéria limita e obscurece; o espírito libera e ilumina.

A segunda razão exotérica estaria relacionada ao naufrágio filosófico que o homem contemporâneo sofre neste final de ciclo planetário. Desesperadas e afogando-se em pensamentos inconsistentes, as pessoas agarram-se à primeira crendice que passa flutuando. A imensa maioria reivindica o direito à vida, mas pouquíssimos atinam que essa bênção está submetida ao dever de aprender. O aprendizado, em todos os níveis, constitui o propósito fundamental da existência. E o exercício do conhecimento adquirido com sabedoria e amor propicia a evolução.

A Angelologia pode constituir um caminho para o

aprendizado existencial e essencial, pois possibilita conciliar racionalidade e sensibilidade e, aos poucos, revela-se como uma linguagem que permite ao homem perceber e integrar-se aos ritmos cósmicos. A linguagem angelológica baseia-se na sensibilidade e intuição, expressa-se nas analogias e sincronicidades, visa às sínteses e ao holismo.

O volume sempre crescente de informações em todas as áreas do saber é de tal ordem que desnorteia até mesmo os especialistas mais dedicados, dotados e atualizados. Cada vez mais sabe-se menos, há excesso de imagens e textos. É óbvio que, neste contexto gigantesco de dados, há formas e conteúdos de qualidade infinitamente variáveis. Mas sempre precisamos usar nosso tirocínio para poder separar o joio do trigo, e isso demanda tempo para selecionar o que é realmente importante em um dado momento. Mesmo com a computação eletrônica, nosso instrumental racional está se tornando cada dia menos útil para nos conectar com o todo. A expansão do conhecimento somada à inelasticidade do tempo induz a uma especialização insidiosa e limitante. O homem emprega seu intelecto, cada vez mais, para fazer análises. E quanto mais envereda nesse sentido, mais se distancia da capacidade de realizar sínteses. Sem sintetizar, não há conclusão. Sem concluir, não há progresso. A frustração, a tristeza, a doença e a alienação serão as conseqüências inevitáveis desse *modus vivendi.*

Qual a solução? Equilibrar raciocínio com sensibilidade, dosar razão e intuição, o que por si já é um exercício de síntese. Desta maneira será possível sentir e respeitar os ritmos cósmicos e aproveitar as forças naturais para o crescimento integral. Alcançando esses objetivos, estaremos aptos a entender a linguagem dos anjos e caminhar para a plenitude.

Deus criou as leis naturais e interligou-as compondo a sinfonia cósmica. E criou também uma orquestra de anjos para executar essa música das esferas que determina o ritmo da vida em evolução. Anjos são, portanto, partícipes eternos da criação, representando o Senhor em cada fenômeno, zelando por todas as formas e processos. Luminosos e sábios, jamais deixam de conduzir o homem pela senda da luz e da sabedoria. Todavia, para ser efetiva, essa ajuda dependerá do querer e do saber do homem. O ser humano é soberano no exercício do seu arbítrio. Para ser socorrido, é indispensável que aceite o socorro. A maciça maioria da humanidade, por falta de humildade ou excesso de orgulho, recusa as dádivas angélicas. Para ser auxiliado igualmente é necessário reconhecer o auxílio. Poucos aprendem a identificá-lo quando chega e pouquíssimos o aproveitam. No seio sombrio da ignorância são gerados todos os medos que arruínam o homem.

Consultado por minha amiga Regina M. Azevedo sobre a possibilidade de fazer a apresentação de *Anjos de Deus*, aceitei imediatamente. Este livro representa, principalmente neste momento, uma contribuição criteriosa ao conhecimento da Angelologia. O que é duplamente importante, primeiro porque muitos buscam insistentemente informações a respeito desta disciplina teológica; segundo, porque o mercado literário esotérico internacional e nacional está, na atualidade, infestado por livros de baixíssimo nível, conceitualmente sem qualificações, muito possivelmente gerados pelo oportunismo, pela ignorância ou pela combinação de ambos.

O tempo, no entanto, através do seu aspecto disciplinador, se encarregará de eliminar os modismos e os mercenarismos. E novamente, dentre os muitos chamados, poucos serão os escolhidos para trilhar o caminho dos seres alados e resplandecentes.

Gaudium et spes.
Sol lucet omnibus.
(Alegria e esperança.
O Sol brilha para todos.)

Eduardo Cunha Farias (*)

(*) Eduardo Cunha Farias é médico, Professor Dr. em Ciências, Professor associado junto ao Departamento de Histologia e Embriologia do Instituto de Ciências Biomédicas da Universidade de São Paulo.

O Retorno dos Anjos

"Você acredita em anjos?", perguntou-me um animado senhor de meia-idade no momento em que eu examinava as estantes de uma livraria especializada em busca de livros para escrever um artigo sobre o tema. A pergunta pegou-me de surpresa. Um tanto desconcertado e sem saber o que dizer, olhei para o livro que segurava nas minhas mãos. A resposta, como por encanto, saiu-me pela boca: "Não sei." Mas em vez de limitar-me a a ela, tão completa e verdadeira, resolvi fazer um discurso. Expliquei-me mais ou menos assim: "Acredito numa força angélica que existe nas pessoas e no mundo. Uma força voltada para o bem, positiva e criativa. Da mesma forma que acredito em outra força igual e contrária, voltada para o mal, negativa e destrutiva, e que também age nas pessoas e no mundo."

"Mas então você acredita em anjos!", contestou meu interlocutor. "Anjos são forças. Como nós também somos forças. Por isso é que podemos nos comunicar com eles. E o jeito melhor é através do pensamento", concluiu.

Em seguida, com um jeito maroto, ele estendeu-me a mão para se despedir. Mão na mão, olhei para ele e ousei perguntar:

"O senhor é um anjo?" Ele sorriu e respondeu:
"Eu não, e você?"

Confesso que mergulhar no tema dos anjos mexeu com minha cabeça e minhas emoções. Anjos para mim não eram mais que belos seres alados da iconografia religiosa medieval e renascentista. De repente vejo, em plena era da informática e da física quântica, proliferarem nas livrarias os títulos que falam de anjos e ensinam a contatá-los. Ouço amigos mais que respeitáveis, como o médico Eduardo Cunha Farias, dizerem: "Os anjos existem. Eles estão mais próximos da humanidade do que se imagina. São presenças vivas e comandantes de todas as forças que interagem no universo. Podem ser considerados como as incontáveis faces ou expressões de Deus, em todos os aspectos do cosmo, e, como tal, são referidos como emissários ou ministros da criação divina."

Eduardo Cunha Farias vai ainda mais longe. Estudioso de angelologia há pelo menos duas décadas, ele afirma que os anjos têm o poder de determinar desde a estruturação dos átomos até a organização dos universos. "Os anjos são a contrapartida sutil e viva de tudo o que existe, das formas aos processos. As funções dos espíritos angélicos são a canalização, a retransmissão, o condicionamento e a distribuição da energia divina."

Qualquer pessoa, segundo Farias, pode entrar em sintonia com os anjos. Mas, para estabelecer esses contatos (chamados de *angelofanias*), é preciso aprender a conhecer a sua linguagem e a ouvir os seus sinais. "Eles conversam com as pessoas através de sonhos, intuições, percepções e acontecimentos que muitas pessoas interpretam como coincidência. Quem tiver tranqüilidade, sensibilidade e humildade para tentar compreender esses sinais vai conseguir abrir um canal com os seres angélicos", explica.

Coincidências estranhas e significativas marcam a vida da maioria das pessoas. Essas palavras de Eduardo Farias trouxeram-se à mente a recordação de um episódio desse tipo, que aconteceu comigo.

No final de setembro de 93, passei uma semana em Paris, hospedado na casa de Michel Sokoloff, um conceituado psicoterapeuta e astrólogo. Uma noite, ele chegou da rua excitado e feliz: acabara de assistir ao último filme de Wim Wenders, *Tão Perto, Tão Longe,* e atribuía à obra um valor excepcional. As demais pessoas da casa preparavam-se para dormir, mas Michel convocou todos na grande sala do primeiro andar da casa e durante mais de uma hora comentou o filme e seu tema principal: os anjos e sua relação com os humanos. Anjos que se enamoram a tal ponto da existência humana, com toda a sua carga de grandezas e misérias, que acabam "materializando-se". Transformam-se subitamente em seres de carne e osso, em tudo iguais a nós, "degredados filhos de Adão e Eva", e capazes de experimentar todos os prazeres e dores que pontilham nossa existência. Michel via no tema de Wenders uma metáfora genial da condição humana e, mais ainda, de um processo atualmente em curso de mutação da consciência humana individual e coletiva, no sentido do despertar da "consciência angélica". Um novo estado de consciência capaz de transmutar o homem e tirá-lo da rota de autodestruição que a civilização moderna percorre a passos acelerados.

Ouvi todo o seu discurso, na verdade mais fascinado pelo extraordinário entusiasmo e agilidade mental que aquele adolescente-septuagenário está sempre pronto a demonstrar do que propriamente pelo tema em discussão.

Anjos, seres alados que ficam por aí, eternamente preocupados com a nossa segurança e bem-estar; que continuamente nos protegem dos perigos; que nos ajudam, nos inspiram, nos vitalizam, e não cobram nem pedem nada pelo que fazem, já que fazem tudo por amor... Bom demais para ser verdade.

Mas, enfim, pensei antes de pegar no sono àquela noite, melhor sempre deixar uma porta aberta para qualquer possibilidade. Afinal, se o homem existe, com toda a sua infinita carga de aspectos divinos e infernais, por que os anjos não podem existir? Além disso, alguém muito sábio deixou escrito num ensinamento importante: "Em caso de dúvida, escolha sempre o lado do Sol." Optei pelo lado do Sol e dormi tranqüilo.

Na véspera de deixar Paris, e muito por insistência de Michel, fui assistir a uma projeção de *Tão Perto, Tão Longe*. Escolhi um pequeno cinema, um studio da Rue Saint André des Arts, no Quartier Latin. Era a sessão do final da tarde, a sala estava quase vazia. Durante duas horas vivi, na platéia, as peripécias do anjo Cassiel, materializado entre os humanos nessa moderna Babel que é a Berlim dos nossos dias. Saí do cinema tocado pela força e beleza do filme. Era já noite, e caminhei pela rua estreita até a Place Saint Michel, onde começa o famoso bulevar de mesmo nome.

Antes de descer ao subterrâneo do metrô que me levaria de volta à casa de Sokoloff, lembrei-me de que no dia seguinte deixaria a França. Estava na hora de fazer o pequeno ritual que sempre faço toda vez que me despeço de algum lugar onde fui feliz: escolho uma imagem forte, um edifício, uma igreja, uma praça, uma pessoa, não importa, e fixo nela o meu olhar até sentir minha memória visual bem impregnada. É um truque mnemônico que aprendi. No futuro, quando quiser lembrar de detalhes daquela estada, reavivo na memória aquela imagem. Ela me servirá como trampolim ou alavanca para trazer à tona muitas outras recordações.

De pé, na Place Saint Michel, percorro com o olhar a paisagem à minha volta, à caça de uma imagem forte. Diante de mim está o rio Sena, à esquerda o Chatelet, a Pont-Neuf, à direita a imponente catedral de Notre Dame. Mas não, nenhum deles servia. Eram todas imagens que eu já conhecia muito bem.

Súbito, como que chamado por alguma força estranha localizada às minhas costas, dou meia-volta e o que vejo me faz arregalar os olhos e abrir a boca. A poucos metros, bem diante de mim, apoiada num grande pedestal de pedra que emerge de uma fonte, está a monumental estátua em bronze de Saint Michel, o arcanjo Miguel, o protetor da França. Era essa a imagem que eu tinha de gravar, o ponto de referência que buscava.

Passei longos minutos contemplando a escultura e examinando cada detalhe seu. Um Saint Michel atlético, em armadura de guerreiro, braços levantados, o direito empunhando a espada flamejante, e o esquerdo apontando com o dedo indicador para o céu. No rosto, uma expressão de fogo, adequada a um representante da justiça divina. Caído a seus pés, um demônio, que o arcanjo mantém subjugado apenas com a ponta do pé esquerdo: ele não pisa nem esmaga o seu adversário. Mas apenas o controla com firme suavidade. O arcanjo sabe que, como tudo, o demônio existe porque é necessário.

Incorporei completamente a imagem do arcanjo, e depois desci o olhar até a base da fonte. Ao redor dela, perto da água, outra imagem ampliou mais os limites da minha emoção: meia dúzia de prostitutas muito jovens estavam reunidas ali, conversando com animação, ocupando seus postos de serviço. Todas elas, pensei, sob a explícita proteção do arcanjo guerreiro. Um pensamento reconfortante me invadiu: se aquelas meninas e a própria França podiam contar com o amparo angélico, por que não eu também? Feliz e bem-humorado, tomei o metrô para casa. No dia seguinte fui para a Alemanha, para a Feira de Livros de Frankfurt. Levava em mim, bem gravada, a imagem do arcanjo Miguel.

Luis Pellegrini

Minha Experiência Angélica

Em 1992 recebi um convite para coordenar uma edição especial da revista *Planeta.* O tema? Anjos, o assunto esotérico mais em pauta no momento. Embora meu interesse já houvesse despertado na direção dessas doces criaturas angelicais, meu lado terra-terra (sou Virgem, ascendente Touro) me fez acreditar numa mera sincronicidade. Prossegui estudando o assunto, muito mais motivada, e deparei, logo no prefácio do livro de Terry Lynn Taylor, com a narrativa de uma sua amiga acerca de seu "encontro com um anjo". Era um feriado prolongado e eu estava numa casa de praia maravilhosa, de uma amiga igualmente maravilhosa, com gente agradável, disposta a usufruir totalmente de minhas leituras. Do sofá, ouvia os risos e os "pegas" de uma animada partida de buraco que corria ao lado. Reli partes do texto, um pouco sonolenta, e pensei: "Bem que eu poderia ter também o meu encontro com um anjo..." Em seguida adormeci e só acordei com a euforia das "meninas" que tinham dado uma boa surra nos adversários, após disputa ponto a ponto. Nenhuma revelação, nem sombra de sonho; mas também nenhuma decepção.

O dia seguinte era o domingo de volta. Parte do grupo saiu logo cedo; permanecemos dois amigos e eu, e decidimos caminhar pela praia, bebericar e petiscar num barzinho plantado no alto de umas pedras – lugar já bastante visitado e conhecido por nós, com bela vista para o mar. Dia nublado, saí com meus óculos escuros, mas não estava para tanto. Chegando ao bar, nos instalamos, pedimos umas iscas de peixe, duas cervejas e contemplamos a paisagem.

De repente, meus olhos míopes – já sem os óculos de sol corretivos – resvalaram em duas imagens antes nunca vistas por qualquer um de nós, mas que pareciam fazer parte da paisagem há bom tempo. Fincadas nas pedras, duas estatuetas, à distância, me fizeram exclamar: "Olha lá, dois anjinhos!" Meus amigos testemunharam com algum espanto minha descoberta e chegaram a pôr em dúvida se não se tratava apenas de duas menininhas de pedra. Deixamos de lado a comilança e nos dirigimos ao lugar: dois anjinhos maravilhosos, com asas, cachos e tudo a que tinham direito... Nenhuma revelação poderia ser mais concreta para alguém racional que, a cada dia, aprende mais e mais a *crer para ver...*

Regina M. Azevedo

Observação: Após esta primeira revelação, vários fatos se sucederam que me fazem crer mais e mais na presença angélica em minha vida. Aproveito aqui para agradecer às esferas celestiais pelas magníficas sincronicidades que vêm povoando meus dias desde então; deixo também a minha homenagem e gratidão ao meu anjo da guarda e à legião de anjos que trabalha pelo bem da humanidade.

Nossos Aliados Celestes

"Toda coisa visível neste mundo está sob a
responsabilidade de um anjo."
(Santo Agostinho)

Por *Anna Clara Alves*

Depois de algum tempo de injustificado ostracismo, os anjos estão merecidamente voltando a ocupar o seu papel na nossa vida. Hoje, já podemos, sem receio de sermos considerados tolos ou ingênuos, incorporá-los aos nossos programas de autodesenvolvimento e de autoajuda da mesma forma como incorporamos gnomos, duendes, fadas e outros seres invisíveis da criação.

Não vamos, portanto, discutir se os anjos existem ou não. Mais importante do que tentar provar, através de um milhão de evidências, que os anjos existem é saber como interagir com eles para facilitar-lhes o cumprimento da sua missão de nos ajudar. E, como no caso da intuição ou do pensamento positivo, precisamos antes de tudo compreender um pouco da sua natureza e do seu comportamento.

Para começar, como você responderia à pergunta: o que é um anjo? Se você disser que um anjo é um ser espiritual ou celeste que atua como mensageiro entre Deus e os homens estará bem próximo da definição, por sinal verdadeira, dos dicionários e enciclopédias, extraída das crenças judaicas, cristãs e muçulmanas, só para citar algumas. Porque, de fato, os anjos têm estado presentes na história da humanidade há muito tempo, sempre assumindo formas variadas de acordo com a religião e a cultura locais.

Nem sempre os anjos foram representados com uma carinha linda, asas, roupas esvoaçantes e um halo sobre a cabeça. Segundo Terry Lynn Taylor, uma especialista norte-americana no assunto, "os primeiros livros do Antigo Testamento", diz ela, "descreviam os anjos como seres humanos comuns, vestidos com peles brancas de cabra (simbolizando pureza, luz e santidade) ou como jovens sem asas."[(1)]

De onde teriam vindo, então, as asas? Do sincretismo da cultura greco-romana à cultura cristã, lá por volta do século III da nossa era, quando o imperador Constantino, que era pagão, tornou-se cristão, depois de ver uma cruz no céu antes de uma batalha importante, responde a autora.

Já no Egito, na Babilônia, na Pérsia e na Índia, acreditava-se em anjos alados, que eram algumas vezes considerados deuses. Como se sabe, essas antigas culturas tiveram grande influência sobre gregos e romanos. Na mitologia grega, Hermes (o Mercúrio romano) e Eros (Cupido), ambos alados, tinham entre suas atribuições servir de mensageiros entre os deuses do Olimpo e os deuses menores da terra. A própria palavra anjo, que vem do grego *ággelos,* pelo latim *angelu,* significa mensageiro. Por analogia, nada mais adequado, pois, para caracterizar a agilidade de um mensageiro de Deus do que conferir-lhes as asas dos mensageiros do Olimpo. Quanto ao halo ou aura de luz branca, de acordo com Taylor, "simboliza sua origem ou lar, que é o céu".

Dali em diante, os anjos passaram a ser representados, nas artes plásticas e na literatura, como belos seres alados, e foi exatamente assim que se inscreveram no imaginário coletivo do Ocidente. Mas essa é apenas uma imagem, não a única.

No seu tratado de ioga, o mestre indiano Patanjali, que viveu perto da época de Platão, explicou como fazer contato com os "seres celestiais" – seres de luz que estabelecem a conexão entre os reinos humano e divino – meditando sobre a luz dentro da própria cabeça.

O mago persa Zaratustra (628-551 a.C.), criador do zoroastrismo, descreveu detalhadamente em seu *Avesta* a série de encontros que teve com anjos. Só que, ao contrário da maioria, afirmou que os anjos não são seres independentes colocados entre Deus e a humanidade, e sim extensões e projeções de Deus em direção à humanidade.

Essa mesma posição foi defendida, no tempo de Jesus, pelos gnósticos, que jamais aceitaram para os anjos o papel de intermediários entre os homens e Deus.

De acordo com os dogmas atuais da Igreja católica, os anjos são espíritos puros, criados por Deus antes da humanidade para transmitir a Sua vontade, anunciar acontecimentos e serem instrumentos de Sua justiça e misericórdia.

Baseada na obra *De Coelesti Hierarchia,* de Dionísio Areopagita, um convertido por São Paulo, a tradição católica divide os anjos em três grandes hierarquias, cada uma das quais subdividida em três companhias ou coros. A primeira e mais alta hierarquia, que exerce suas funções no céu, junto a Deus, é composta pelos serafins (que personificam a caridade divina), querubins (que refletem a divina sabedoria) e tronos (que proclamam grandeza divina). Na segunda categoria, à qual se atribui o governo geral do universo, estão as dominações (que determinam aos anjos de classe inferior suas missões e deveres), as virtudes (que promovem prodígios) e as potências (que protegem as leis que regem o mundo físico e moral). Por fim, pertencem à terceira hierarquia, encarregada de dirigir as sociedades e as pessoas, os principados (responsáveis por reinos, países, estados), os arcanjos (que transmitem as mensagens de alta importância) e os anjos da guarda (que cuidam da segurança e santificação dos indivíduos).

Tendo como parâmetro essa hierarquia, observamos que são aos anjos pessoais, aqueles que têm a missão de nos proteger e nos guardar, que podemos ter acesso na nossa vida cotidiana. Diz-nos Terry Taylor que "cada ser humano, independentemente de crença, condição, forma ou tamanho, tem o privilégio de um anjo da guarda. Seu anjo da guarda está com você o tempo todo, vá você aonde for e faça o que quiser."[2]

Sabemos até agora o que são os anjos e quais as suas atribuições. Com respeito à sua forma, embora tenhamos consciência da sua natureza puramente espiritual, ou seja, sem forma material, podemos imaginá-los do modo como melhor nos aprouver – como luz, como cor, ou seja lá como for –, desde que essa imagem nos remeta às suas características essenciais. E quais seriam elas? Para você, que qualidades um anjo teria?

Logicamente, as melhores, e as expressões "anjo de candura", "dorme feito um anjo", "beleza angelical" dão bem conta da perfeição que atribuímos aos anjos.

Para Terry Taylor, as características básicas dos anjos seriam alegria, leveza, felicidade, amor incondicional, riso e beleza. "E", diz ela, "já que os anjos são seres de luz que enviam informações e pensamentos de amor através de nosso eu superior para nos inspirar e nos guiar, só podemos concebê-los com todas as propriedades da luz – velocidade, brilho e o poder de curar e obliterar a escuridão."[3]

A autora chama aqui a atenção para uma séria distinção a ser feita entre o auxílio dos anjos e aquele prestado por espíritos desencarnados. "Em todas as situações não-angélicas", esclarece, "há uma grande dose de *interferência* (positiva e/ou negativa) na vida da pessoa que recebe as mensagens ou está passando pela experiência, e as mensagens chegam na forma de 'palavras', incluindo com freqüência detalhes muito verborrágicos. As experiências angélicas, por sua vez, consistem em sentimentos jubilosos, forte intuição, inspiração e uma sensação de não-interferência permissiva."[4]

Agora é o momento de colocarmos uma outra questão de importância capital. Quando dizemos que os anjos são mensageiros ou enviados de Deus, a que Deus estamos nos referindo? É óbvio que, se estamos atribuindo aos nossos anjos as características da alegria, do riso, da leveza, da felicidade, do amor, só podemos estar nos referindo a um Deus que tenha todas essas qualidades em grau supremo e incomparável. Não é este o Deus que pune os pecadores, que condena, que ama apenas aqueles que o consagram. Este é o Deus que nos ama incondicionalmente e que nos criou não para sofrermos, mas para sermos felizes, usando a nosso bel-prazer a liberdade ilimitada que Ele próprio nos outorgou. Se sofremos as conseqüências do mau uso de nosso livre-arbítrio, está claro que este nosso Deus não tem nada a ver com isso.

Seguindo essa linha de raciocínio, Terry Taylor nos assegura que "os anjos não querem mais do que nos ajudar a conectar nosso eu superior com o céu, de maneira que possamos ser mais felizes aqui mesmo na Terra. "Os anjos não nos controlam e não aprendem por nós as nossas lições", prossegue. "Entretanto, conhecem nossa natureza interior e podem aproximar-se e proteger-nos quando sabem que verdadeiramente o desejamos."

Agora, portanto, que já sabemos o que são os anjos, quais as suas atribuições e características, como se manifestam e a quem representam, o passo seguinte é demonstrar a eles que verdadeiramente desejamos a sua ajuda, abrindo-nos a ela. Como?

O espírito de André Luiz, em diversas passagens de seus romances psicografados pelo médium Chico Xavier, alerta para o fato de que, por mais que os espíritos benfeitores tentem ajudar um encarnado em dificuldades, eles ficam de mãos atadas quando este fecha-se à ajuda. Por exemplo, se um homem que está passando por um grande sofrimento entrega-se à revolta, à tortura mental, ao desespero, ele entra em tal sintonia com as energias negativas que acaba criando uma poderosa barreira contra as energias positivas. Uma barreira que apenas ele próprio, através de uma postura de confiança numa força superior de ajuda, pode derrubar.

O mesmo vale para os anjos, que estão sempre ao nosso lado, à espera de que forneçamos as brechas para a sua atuação. Segundo Terry Taylor, "a atitude mais importante a cultivar para atrair anjos é a de um amor e uma felicidade otimistas e incondicionais. Os anjos rodeiam a pessoa verdadeiramente feliz e amorosa, encorajando mais amor e felicidade. Não é importante poder experimentá-los prontamente com os sentidos físicos. O que importa é encontrar um modo de conhecer os anjos por si mesmo e desviar-se da bobagem de 'ver é crer'".(5)

Isso significa que, a partir do instante que nos abrimos ao contato com os anjos, sem reservas e preconceitos, devemos confiar na sua ajuda, independente de podermos captála através dos nossos cinco sentidos. É possível que, um dia, até venhamos a sentir a sua presença, por meio de sons, perfumes ou luzes. Isso, contudo, não é fundamental.

"Os anjos são como pensamentos. Não podemos ver nossos pensamentos, mas sabemos que existem. Podemos ter tantos pensamentos quanto queiramos; não há limites. Os pensamentos, tanto positivos quanto negativos, são poderosos e reais mesmo se não podemos vê-los, e da mesma forma são os anjos. Cada um percebe os anjos ao seu modo, mas uma coisa é invariável: os anjos não nos ferem; eles nos ajudam. Os anjos existem num reino de energia positiva amorosa e na luz rosada do amor. Quando temos experiências sublimes de alegria e amor, ligamo-nos aos anjos", conclui Taylor.

O "procura e acharás" de Jesus veste como luva no caso dos anjos. Basta procurá-los para encontrá-los. Se você, porém, ainda está inseguro sobre como chegar a eles, tente a breve oração abaixo:

Santo Anjo do Senhor, meu zeloso guardador,
Se a ti me confiou a Providência divina,
Sempre me rege, me guarda e me governa.

Pode parecer coisa de criança, mas até onde sabemos os anjos adoram crianças.

NOTAS

(1) Taylor, Terry Lynn, *Anjos, Mensageiros da Luz.* Pensamento.
(2) Idem op. cit.
(3) Idem op. cit.
(4) Idem op. cit.
(5) Idem op. cit.

Seres Angélicos, do Oriente ao Ocidente

"Não acredite em mim simplesmente porque eu vi o céu e o inferno, conversei com anjos... Acredite em mim simplesmente porque eu lhe digo o que sua consciência e intuições lhe dirão se você ouvir suas vozes atentamente."
(Emmanuel Swedenborg)

Por *Marina Elena Costa*

O nome pode não ser o mesmo nas várias partes do mundo (o que usamos no Ocidente, *anjo*, vem do grego), mas a crença na existência de seres intermediários entre a divindade suprema e o homem é uma constante em todas as religiões que deixaram registros para a história. Tais seres já estavam presentes no berço da civilização, a cidade de Ur, fundada na Mesopotâmia 4 mil anos antes de Cristo – arqueólogos encontraram ali uma estela na qual se vê uma criatura alada descendo de um dos sete céus dos sumérios para despejar a água da vida, que portava numa transbordante jarra, na taça de um rei.

Essa poderia ser a primeira representação do gênero na história, mas outros especialistas lembram que numa tumba egípcia pode-se observar a deusa Ísis envolvendo devotos com suas asas e levando-os ao sono (ela era considerada um "anjo" da morte). De qualquer modo, a noção persistiu no mundo greco-romano, onde Íris (o arco-íris de Zeus), Hermes/Mercúrio e Eros/Cupido realizavam tarefas angélicas. A propósito, foi da imagem da deusa grega da vitória que os artistas da Renascença criaram as representações de anjos que conservamos até hoje em nossa imaginação.

As Escrituras judaico-cristãs são pródigas em citações aos anjos. No primeiro Livro de Samuel, Deus é chamado de "O Senhor dos Exércitos" – exércitos constituídos de anjos, que combatiam em nome da divindade nas contendas de Israel. Em geral, porém, eles eram retratados como servos de Deus e apareciam em funções menos belicosas. Entre suas tarefas estavam, por exemplo, guardar as portas do Paraíso depois que Adão e Eva foram expulsos de lá (Gen. 3:24), proteger os dotados de fé (Salmos 91:11), punir os preguiçosos (Salmos 35:5) e, principalmente, trazer importantes mensagens divinas para os homens (Gen. 16:7 e versículos seguintes; 22:11 e versículos seguintes; Êxodo 3:2).

As influências originadas pela dominação persa (com o zoroastrismo) e greco-romana na Palestina serviram para aumentar o rol de atividades angélicas. Surgiu um esboço de classificação hierárquica, na qual se destacavam os querubins e serafins (duas das ordens superiores, próximas a Deus e guardiãs contra sua profanação). Alguns nomes em particular começaram a ser fixados, como os dos quatro anjos postados em volta do trono divino: Miguel (o comandante-em-chefe dos exércitos celestes), Gabriel (o Anjo da Revelação, chanceler de Deus perante os homens), Rafael (o Anjo da Providência, líder dos anjos guardiãos que assistem a humanidade) e Uriel (o Anjo da Retribuição, que traz a luz do conhecimento do Senhor até nós).

Na época em que viveu Jesus, o racionalismo helenístico causou algumas dissensões entre os judeus quanto ao assunto. Os saduceus negaram a existência dos anjos, enquanto os fariseus continuavam a aceitá-los. Os escritos essênios estavam repletos de referências aos seres angélicos.

O Novo Testamento, diversamente do anterior, não apresenta anjos destruindo cidades ou incutindo doenças em reis. Em seus textos, esses seres aparecem apenas em momentos altamente gloriosos. Eles estavam presentes, por exemplo, nas ocasiões marcantes da vida de Jesus: seu nascimento, o início de suas pregações, seu martírio, ressurreição e ascensão. Os ensinamentos de Jesus abordam-nos com freqüência, sugerindo inclusive que as crianças teriam anjos guardiões a assisti-las (Mateus 18:10). Um anjo teve participação fundamental para que São Pedro fosse libertado da prisão (Atos dos Apóstolos, 5:17-23).

O assunto ganhou dimensões mais amplas com as cartas de São Paulo e o Apocalipse, os quais permitiram o esboço de uma doutrina angélica. Desses textos Jesus emerge como líder dos homens e dos anjos, os quais são subdivididos em sete grupos (anjos, arcanjos, principados, poderes, virtudes, dominações e tronos), o que levaria posteriormente à classificação mais conhecida, de Dionísio Areopagita, envolvendo nove tipos (ou *coros*) de anjos (esta é a classificação apresentada no início do capítulo seguinte, "As Hierarquias Angélicas").

Talvez temerosa das influências provindas de outras religiões, a Igreja cristã não dedicou muita atenção aos anjos de início. Embora já houvesse um certo consenso sobre sua origem divina e a existência de um anjo da guarda para cada pessoa, o interesse em relação a esses seres ficou relegado aos camponeses, e mesmo o esforço de São Paulo em lançar as bases para uma estruturação do assunto não foi unanimemente aceito entre as autoridades eclesiásticas. O primeiro concílio de Nicéia, em 325, decidiu que a crença nos anjos era parte do dogma da Igreja, mas em 343 outro concílio determinou que reverenciar anjos era idolatria. Apenas em 787 o sétimo Sínodo Ecumênico definiu a questão estabelecendo um dogma limitado dos arcanjos – imediatamente aceito entre os cristãos do Oriente, enquanto os seguidores de Roma mantinham-se mais cautelosos.

Mas na Idade Média os anjos já faziam parte da vida cotidiana da Igreja cristã, integravam a liturgia e mereciam a atenção dos mais importantes teólogos da época. As principais conclusões vieram de São Tomás de Aquino, que considerava os anjos como não constituídos de matéria (Santo Agostinho acreditava que eles eram compostos de substâncias etéreas), dotados de conhecimento intuitivo e livres de paixões. Poderiam assumir formas físicas se assim o desejassem e até comer, como fizeram os anjos que visitaram Abraão (Gen. 18:1-22).

No final do Renascimento, a angelologia (o estudo dos

anjos) já não atraía tanta atenção. Lutero dizia ser guiado por anjos, mas o protestantismo deixou-os de lado; Calvino chegou mesmo a deplorar o interesse por um assunto "improdutivo" como aquele. Os católicos, por seu lado, foram levando a discussão progressivamente para o terreno da fé pura e simples. A última manifestação de relevância a esse respeito veio do primeiro Concílio Vaticano, em 1870, quando se definiu que os anjos foram criados por Deus no início dos tempos.

Como religião derivada do tronco judaico-cristão, o islamismo também possui sua galeria de anjos, denominados em árabe *malaika* ("mensageiros"). Guardiões da humanidade, eles são formados por luz e, assim como os anjos cristãos, não têm sexo definido. Alguns dos mais destacados arcanjos aceitos pela cristandade, como Rafael e Gabriel, têm seus correspondentes no panteão muçulmano (chamados, respectivamente, de Azrael e Djibril). Foi Gabriel, aliás, quem levou o profeta Maomé ao seu passeio por paragens celestes.

Conforme se caminha para o Oriente, a noção de anjo tal como concebida por judeus e cristãos vai se desvanecendo progressivamente. Os deuses do hinduísmo, por exemplo, não precisavam normalmente de mensageiros; eles mesmos assumiam forma humana para comunicar-se com seus súditos. De qualquer forma, nos escritos sagrados são mencionados seres alados que pairavam sobre os deuses reverenciando-os – os *kinpuru'sh*. Posteriormente, talvez por influência da vizinha Pérsia ou dos visitantes ocidentais que ali chegaram na época do Renascimento, desenvolveu-se a idéia de conselheiros espirituais dotados de asas que cultuavam e glorificavam a divindade, além de homens santos. Um exemplo curioso desse suposto sincretismo está no relato que a esposa do mestre Lahiri Mahasaya fez a Paramahansa Yogananda, incluído no livro *Autobiografia de um Iogue*[1]. Segundo consta, numa certa ocasião ela sonhou que seu quarto estava repleto de anjos; acordou de súbito e viu, surpresa, que o recinto estava iluminado e o marido levitava, cercado por seres angélicos. Mahasaya disse-lhe que aquilo não era um sonho e, após ser reverenciado por ela, pediu-lhe que dedicasse o mesmo tratamento aos anjos. Estes retribuíram em uníssono e em seguida desapareceram, deixando o quarto de volta à escuridão.

Nas religiões da China e do Japão, assim como no budismo, o papel dos anjos é exercido principalmente por seres humanos iluminados (equivalentes às *Almas Glorificadas dos Homens* definidas pelo angelólogo Eduardo Cunha Farias)[2]. Os budistas denominam-nos *bodhisattvas* – homens que, tendo se libertado da sucessão de encarnações, decidem voltar à terra para ensinar e guiar os mortais comuns. Eles têm uma vida longa e morrem pacificamente, ao contrário dos mártires cristãos; entre suas funções estão as curas, orientações nas circunstâncias da vida, punições e recompensas e a condução das almas ao seu posto após a morte.

No taoísmo, os seres mais próximos dos anjos são os *Imortais*, cujo aperfeiçoamento evolutivo permite-lhes não morrer neste plano de existência. São também considerados deuses, embora num plano inferior ao das divindade máximas do panteão taoísta e mais próximo ao dos humanos. Assim como seus colegas budistas, eles também estão capacitados a curar, fazer milagres, dar orientações, fazer desobsessões; podem voar, viajar entre mundos e assumir formas humanas ou de outros animais para transmitir suas mensagens.

As opiniões mais importantes sobre anjos surgidas no Ocidente nestes últimos séculos vieram de pessoas famosas por seus conhecimentos místico/esotéricos. Um deles foi

Emmanuel Swedenborg (1688-1772), bispo de Skara e professor de teologia em Uppsala (Suécia). Swedenborg era clarividente, e através dessa sua capacidade os anjos lhe passaram inumeráveis informações, como as contidas em *O Céu e o Inferno*[3]. Segundo ele, caso não tenhamos nosso terceiro olho desenvolvido (o chacra frontal, que permite a visão interior), os anjos têm de adquirir formas materiais para se tornar visíveis a nós. Eles respiram numa atmosfera adaptada a seus pulmões, falam e escrevem expressando afeição com vogais, idéias com consoantes e sua comunicação total com palavras. Para eles só é possível abordar idéias que transmitam a perfeita sinceridade do amor que os preenche.

Para o místico sueco, os anjos, como agentes de Deus, não possuem eles próprios poder – os que duvidassem de onde esse poder emana ficariam tão fracos que não poderiam resistir ao assédio de um espírito maligno. Por isso, eles não atribuem nenhum mérito às suas atividades, dedicando-o todo ao Senhor. Nas mensagens transmitidas a Swedenborg aparecia com freqüência uma noção importante para os humanos: eles não devem se preocupar com o futuro, deixando-o a cargo da Divina Providência. Ela se encarregaria de nos suprir com o que desejamos, embora isso não ocorra necessariamente quando manifestamos esse desejo, e sim quando fosse mais adequado para nós – e, comumente, quando já não estaríamos pensando naquele objetivo.

Outro mestre da ciência oculta a tratar dos anjos foi o fundador da antroposofia, o austríaco Rudolf Steiner (1861-1925). O trabalho de Steiner nesse setor assemelhou-se ao de São Tomás de Aquino, ao partir do estudo exaustivo de relatos sobre o assunto e não de experiências místicas próprias. Baseado principalmente em fontes judaicas e da Grécia clássica, ele acabou por estabelecer uma sofisticada hierarquia própria de anjos, iniciada pelos serafins, querubins e tronos. Os primeiros recebem da Trindade as idéias e desígnios do sistema cósmico; os querubins transpõem tais idéias para planos humanos plausíveis, e os tronos trabalhariam junto aos homens para tornar esses planos realidade.

Depois deles viriam os domínios, forças e poderes, e a seguir os *archai*, arcanjos e anjos. Os archai seriam os regentes das relações entre as raças humanas na Terra; deles vêm os mestres iluminados para ajudar no desenvolvimento da humanidade. Sua esfera de influência englobaria da Terra até Vênus. Os arcanjos, espíritos do fogo, responderiam pela evolução das almas das raças, cuidando das relações entre os indivíduos e o todo de cada raça; sua responsabilidade iria da Terra até Mercúrio.

A classe mais baixa, segundo Steiner, é a dos anjos, espíritos aquáticos sob cuja jurisdição estaria o espaço entre a Terra e a Lua. Também aqui existe o conceito de um anjo guardião para cada pessoa, cuja influência seria mais presente durante a infância. Esse anjo se afastaria durante o período entre 25 e 40 anos, quando o indivíduo exerceria ao máximo seu livre-arbítrio em questões como a família ou a profissão, e retornaria na meia-idade, época em que seu protegido teria mais condições de entender a realidade espiritual.

Um exame mais acurado de outras religiões da Terra revelaria muitas outras facetas dos seres angélicos. Mas talvez o fenômeno mais importante venha a acontecer agora, quando a humanidade – prestes a vivenciar mais uma virada de milênio associada ao Apocalipse bíblico – começa a se afinar cada vez mais com as realidades invisíveis aos olhos comuns. O lento renascer do interesse pelos anjos pode significar que estamos nos preparando para aprender mais sobre eles, nós mesmos e nosso papel neste momento da trajetória terrestre.

Os Anjos Caídos

A concepção cristã coloca nos ombros de um ex-anjo – Satã – a liderança entre as entidades que desejam subtrair a humanidade à evolução espiritual. A queda de Satã e seus seguidores teria acontecido, segundo uma das versões, após a criação do homem. Deus ordenou aos anjos que reverenciassem o novo ser e o assistissem, mas Satã, por orgulho ou inveja, recusou-se a cumprir a tarefa.

Uma narrativa islâmica repete praticamente a mesma história, de maneira mais poética. Iblis (Satã) não aceitou reverenciar os homens, mas apenas seu Criador. Ao saber disso, Deus disse-lhe: "Fique longe dos meus olhos!" – e o anjo foi imediatamente para o inferno, o único lugar fora da visão do Senhor.

Outra versão põe o surgimento das hostes infernais bem antes da criação de Adão e Eva. Mais uma vez, o ponto básico é a tentativa de exercício do livre-arbítrio por Satã: ele desejaria atingir o estado de beatitude (bem-aventurança eterna) por seus próprios meios, ou ambicionaria tornar-se Deus.

Anjos caídos ou batalhas celestes não são mencionados no Velho Testamento. Eles surgem apenas no Novo Testamento, como no Apocalipse de João (12:7-9), em que se fala da guerra em que São Miguel Arcanjo e seus anjos-soldados combatem o dragão-Satã, primeiramente nos céus e depois na terra.

NOTAS

(1) Yogananda, Paramahansa, *Autobiografia de um Iogue*. Summus.

(2) Ver a seguir *"As Hierarquias Angélicas"*, p. 37.

(3) Swedenborg, Emmanuel, *O Céu e o Inferno*. Editora e Livraria Swedenborg.

As Hierarquias Angélicas

"Não é o fato de os Anjos serem mais santos do que
os homens ou os demônios que os torna Anjos,
mas o de não esperarem santidade um do outro,
e sim apenas de Deus."
(William Blake)

Por *Regina M. Azevedo*

Os anjos obedecem a alguma hierarquia celestial? Segundo os estudiosos, existem três ordens angélicas, classificando os anjos dos mais próximos aos mais afastados de Deus ou do poder divino. Aqui apresentamos a classificação mais tradicional, segundo Terry Lynn Taylor[1], com dados complementados pelo angelólogo Eduardo Cunha Farias[2] a partir de obra de François Ribadeau Dumas.

Os mais próximos de Deus

1) *Serafins:* são representados com seis asas, rodeados por chamas de fogo; possuem poderes de purificação e iluminação. Propagam o princípio da vida universal e manifestam a glória de Deus. São liderados por Uriel.

2) *Querubins:* são representados com penas de pavão repletas de olhos, que traduzem a onisciência divina; também são responsáveis pela ordenação do caos universal, pela sabedoria, e oferecem ao homem o conhecimento, as idéias. Seu líder é Jophiel.

3) *Tronos:* representados por uma roda de fogo, zelam pelo trono de Deus e oferecem ao homem o sentido de união. Têm Japhkiel como líder.

Os sacerdotes-príncipes da corte celestial

4) *Domínios* ou *dominações:* aspiram à verdadeira soberania e têm como símbolos o cetro e a espada que representam o poder divino sobre toda a Criação; despertam no homem a força para vencer o inimigo interior. São liderados por Zadkiel.

5) *Virtudes* ou *autoridades:* traduzem a vontade de Deus, são responsáveis pelo reino mineral e oferecem ao homem discernimento. Seu líder é Haniel.

6) *Poderes* ou *potestades:* protegem a humanidade dos

inimigos exteriores, são responsáveis pela ordem; em suas representações, aparecem portando espadas flamejantes. Responsáveis pelos quatro elementos (água, terra, fogo e ar), são liderados por Raphael.

Os anjos ministrantes

7) *Principados:* carregam cetros e cruzes e sua principal missão é vigiar as lideranças, já que conferem a submissão do homem a todas as coisas. Responsáveis pelo reino vegetal, têm como líder Chamael.

8) *Arcanjos:* são os líderes entre os anjos, também chamados espíritos planetários, responsáveis pelo reino animal. Seu líder é Miguel.

9) *Anjos:* seres de luz responsáveis pela gênese do homem e sua evolução espiritual; não ocupam postos ou atribuições especiais no exército celestial.

Na classificação geral de Eduardo Cunha Farias inclui-se ainda a categoria das *Almas Glorificadas dos Homens,* responsáveis pela compreensão das leis divinas, o conhecimento em geral, os dons artísticos. Conselheiras espirituais, protegem o homem também no plano físico.

Além dessa classificação, cada angelólogo costuma apresentar também, à sua maneira, as categorias angélicas. Terry Lynn Taylor, por exemplo, compõe o seguinte quadro:

Anjos pessoais

Esta categoria inclui todos os anjos integrados com o eu superior de cada indivíduo, os que estão a seu lado o tempo todo, inspirando, guiando e protegendo. São eles:

Anjo da guarda – designado para conduzir e proteger cada pessoa sobre a Terra.

Anjos mensageiros – a palavra anjo deriva do grego *ággelos,* que significa "mensageiro". Também no Antigo Testamento escrito em hebraico, aparece o termo *malakh,* de mesmo significado. Nesta categoria se enquadram os anjos que, a exemplo da Anunciação à Virgem Maria, surgem inesperadamente para nos trazer boas novas.

Guias espirituais – são mestres responsáveis por nos ensinar valores espirituais e nos colocar em contato com nosso eu superior.

Musas – ministras da criatividade, inspiram talentos e dons.

Incentivadores – agem como uma claque, uma torcida; representam a voz do encorajamento interior.

Co-pilotos – são capazes de assumir o controle de nossas vidas sempre que estivermos cansados ou desorientados. A eles podem ser designadas pequenas tarefas diárias como despertar-nos a determinada hora ou fazer com que nosso dia transcorra sem atropelos.

Anjos-almas – seriam os responsáveis por nos guiar a outro reino após a morte na pessoa de parentes ou amigos falecidos. Segundo Terry, alguns discordam dessa sua teoria porque acreditam que os anjos são seres completamente distintos dos humanos.

Anjos do momento

São aqueles que nos socorrem no exato momento que precisamos de ajuda. Incluem:

Curadores – auxiliam-nos nas enfermidades físicas e nos conflitos com outros seres humanos, promovendo o perdão e a reconciliação com outras pessoas.

Salvadores – os que nos resgatam nos acidentes ou se estamos perdidos em algum lugar.

Agentes de sincronicidade – "arranjam" coincidências ou usam esse poder para se comunicar conosco valendo-se do nosso próprio inconsciente.

Transformadores de humor – colocam a pessoa em estado de graça; sabem transformar em risos algo que, momentaneamente, pode parecer uma tragédia; nos ensinam a rir das dificuldades, colocando-nos em freqüências positivas.

Engenheiros de milagres – através de vibrações amorosas, promovem milagres, ou seja, "um evento notável e bem-vindo, aparentemente impossível de ser explicado por meio de leis conhecidas da natureza"(2).

Anjos que embelezam a vida humana

São os que "fazem a vida valer a pena", responsáveis por proporcionar ao ser humano uma felicidade incondicional. São eles:

Exterminadores de preocupações – acabam com as preocupações e ansiedades; preparam o caminho para as realizações do ser humano.

Treinadores de felicidade – seu propósito é treinar os seres humanos na arte e na prática da felicidade.

Executivos do divertimento – sua principal função é proporcionar diversão e fruição despreocupada; sabem administrar a diversão e colocá-la em funcionamento, trazem leveza ao coração do homem.

Produtores de júbilo – estes promovem um divertimento com um certo grau de euforia, sempre prontos a celebrar, incrementando a felicidade com risos e alegrias extras.

A força de Cupido – revelam o amor verdadeiro aos corações solitários.

Corretores da prosperidade – ensinam ao ser humano a verdadeira essência da riqueza e da abundância.

Anjos psicológicos

Ajudam o ser humano na autocompreensão e autoconhecimento. Incluem:

Editores de programação cerebral – podem ter acesso ao cérebro e mente humanos, "programando-os" para pensar e agir positivamente.

Anjos arquetípicos – podem suplementar as características básicas de nossa personalidade através de um arquétipo escolhido por nós.

A autora inclui ainda o Reino dos Devas, comparando os elementais a "anjos da natureza"; e fala também dos anjos especializados, praticamente voltado cada qual a uma profissão ou habilidade específica.

O angelólogo Eduardo Cunha Farias também apresenta uma classificação própria, dividindo em hierarquias os anjos guardiães da humanidade, como descrito a seguir.

Hierarquias maiores

Os anjos das Hierarquias Maiores agem sobre o geral, mas ao mesmo tempo são voltados ao particular (trabalham pela humanidade como um todo e pelo homem individualmente).

Anjos solares ou *senhores dos destinos humanos* – são os *lipikas*, um nome sânscrito que significa "Os senhores do Carma". Eles tecem toda a malha cármica a que a humanidade está sujeita. Trabalham com carmas coletivos (o carma planetário, o da humanidade, o nacional, o racial, o local, os familiares) e individuais; tudo isso inter-relacionado. O carma individual de cada ser humano interage em vários níveis.

Anjos do propósito iluminado ou *senhores da mente humana* – visam ao desenvolvimento mental da humanidade.

Estamos vivendo um ciclo ariano, de desenvolvimeto do corpo mental, e a humanidade deve começar a pensar. Boa parte da humanidade é atlante reencarnada, com pura emoção e raciocínio pequeno. Existe uma hierarquia angélica trabalhando em prol do desenvolvimento cada vez maior do corpo mental, que proporcionará à humanidade o raciocínio, o desenvolvimento mental.

Anjos do equilíbrio – são os que buscam a integração do homem em todos os níveis energéticos.

Anjos da energia prânica ou *da saúde física humana* – Estão num nível mais inferior, trabalhando apenas no plano físico.

Hierarquias menores

Anjos da consciência – convidam o homem a refletir, a usar a autopercepção, que leva à auto-análise, ao autoconhecimento, fatores de evolução. Quando um animal atinge um grau de consciência e capacidade de amar, deixa de ter alma em grupo e passa a ter uma alma individualizada; aí já estará atravessando o portal para entrar no reino humano. A consciência é um fator fundamental para a evolução.

Anjos das correntes astrológicas – são os anjos que controlam e canalizam a energia astrológica ou zodiacal. Funcionam como regentes dos trânsitos astrológicos.

Anjos de luz resplandecente ou *regentes da morte e da passagem* – são os que trabalham com o homem no momento do abandono do corpo físico, do corpo etérico – que é a segunda morte – e da terceira morte, que é o abandono do corpo astral. Há uma discussão de autor para autor sobre o túnel de luz que o indivíduo vê ao morrer, repleto de seres resplandecentes; estes seriam, pois, os anjos da passagem.

Anjos das profissões – a profissão não é algo que escolhamos, necessariamente; nosso direito a voto é ínfimo neste nível evolutivo em que nos encontramos. O homem já nasce com uma profissão carmicamente orientada. Às vezes não há uma definição nem de individualidade, sequer de profissão, mas aqueles com certo nível de desenvolvimento já apresentam aptidões. E toda energia que deverá ser mobilizada para o cumprimento cármico como profissional será carreada por esses anjos.

Anjos das atividades e das inspirações – as musas são um bom exemplo disso: na Antigüidade, elas eram invocadas no início do simpósio, que era uma discussão cultural para inspirar as apresentações. Esse é também o papel dessa categoria angélica.

Anjos sinantrópicos

Anjos extrínsecos ao homem.

Anjos da guarda naturais e artificiais – os naturais são os que nos acompanham do nascimento até a morte e têm como principal tarefa nos auxiliar no cumprimento de nosso carma. Já os artificiais são formas-pensamento criadas pelo próprio homem, mas que podem funcionar como um anjo natural.

Anjos das habitações – cada casa tem, pelo menos, um anjo protetor do lar. Ele é o canalizador de energia para aquela habitação; não "toma conta", mas cria emanações positivas protetoras. Além disso, a casa pode ser habitada também por elementais. Os romanos chamavam esse tipo de anjo de *Genius Loci,* os gênios do lugar.

Anjos dos objetos e engenhos – estes não são propriamente anjos, mas elementais. Todo espaço ente os átomos está preenchido pelo fluido cósmico, ou essência elemental, dévica, derivada do segundo raio. Dessa matéria são constituídos os anjos; é uma matéria viva, mas num estado primitivo, não estimulado (é inconsciente de si mesma); é uma consciência dormente potencial. Quando retirada da natureza, uma matéria contém intrinsecamente um quantum dessa essência elemental adormecida. Fundindo, por exemplo, um minério, purificando e laminando, acrescentando outros materiais, no final teremos um carro. Todo esse processamento funciona como um aprendizado para essa quantidade de matéria, que vai despertando e formando um elemental daquele engenho. No carro, toda a quantidade de matéria elemental que está dentro dos átomos constitui, no seu conjunto, o elemental do carro, cuja consciência vai se tornando cada vez mais evoluída. É por isso que muitos carros "se comunicam" com seus donos, marcam presença. Em outras épocas em que tudo era feito artesanalmente e o artesão colocava ali todo o seu amor e atenção, os objetos eram muito mais conscientes que hoje. Os artesãos sabiam como "acordar" o elemental de cada objeto.

Anjos intrínsecos do homem

Elemental do corpo denso – anjo intrínseco que vive na espessura do corpo denso e que se forma da mesma maneira que é formado o deva do carro. É a matéria elemental aprisionada nos espaços da nossa matéria física, e esse anjo que se forma é uma consciência captadora de energia. Ele absorve o prana e suga a energia das pessoas quando estamos doentes ou muito velhos.

Elemental do corpo astral – é o morador ou senhor do umbral, nosso demônio interno. Ele cresce e se fortifica com nossos descontroles emocionais, principalmente com nossos pecados e vícios. Chegará um dia em nossa evolução – desde que nos disponhamos a isso – que teremos de enfrentá-lo e aniquilá-lo; geralmente fazemos isso aos poucos. À medida que transformamos nossos vícios em virtudes, vamos enfraquecendo esse elemental, dominando as emoções e submetendo-as ao controle da razão.

Elemental do corpo mental – é o que trabalha ao nível da nossa racionalidade. A malta ignara, a caterva furibunda tem um corpo mental extremamente primitivo e seu elemental inconsciente.

Não importa qual dessas classificações lhe pareça mais fácil ou adequada, o que realmente vale é assumir a presença angélica em sua vida e saber que, dentro de qualquer uma das categorias apresentadas, os anjos estão sempre dispostos a nos orientar e servir, atuando como o amigo de todas as horas. De tudo isto, o que fizer sentido ao seu coração é o que deverá ser adotado por você na vida prática. Aproveite bem e conte com a guarda angelical sempre que precisar.

NOTAS

(1) Taylor, Terry Lynn, *Anjos Mensageiros da Luz.* Pensamento.
(2) Em entrevista exclusiva.

Atraindo os Anjos Para Sua Vida

"Atiro-me na cama em meu Quarto e chamo e convido
Deus e seus Anjos a se juntarem a mim. E quando estão
ali, negligencio Deus e os seus Anjos, pelo barulho
de uma Mosca, pelo estrépito de um Coche,
pelo rangido de uma porta."
(John Done)

Por *Regina M. Azevedo*

Depois de conhecer tanto acerca dessas maravilhosas criaturas que são os anjos, tenho certeza de que você vai querer tê-las por perto, ser amigo delas, compartilhar suas alegrias, emoções e realizações cotidianas. É certo que, às vezes, as coisas parecem não ir tão bem e nos pegamos em meio a uma fase carregada de negativismo e rancor, sem forças para reverter tal situação. Que tal contar com uma ajuda extra desses amigos invisíveis de todas as horas?

O angelólogo Eduardo Cunha Farias garante que os anjos não precisam ser agradados – são nossos fiéis escudeiros, sempre a postos, prontos para nos defender. Mas, é claro, tudo isso visando ao cumprimento de sua função principal, a de guiar-nos pelas trilhas do bem. E quando chega o baixo astral, o que fazer? Acendemos velas coloridas, banhamos a casa com aromas orientais, mandamos rezar uma missa ou o quê? Nada disso é necessário, tenho plena consciência, mas certos artifícios são úteis não aos anjos, mas à nossa própria racionalidade, que exige uma atitude "concreta", demonstrativa de que estamos nos mobilizando, descruzando os braços e pondo em movimento a roda da vida.

Tempos atrás enfrentamos um pequeno problema de saúde em família que causou sérios transtornos, e uma grande amiga me aconselhou a acender uma vela diariamente, num período de sete dias, para "ancorar" o meu anjo da guarda. Mesmo com todo o meu conhecimento sobre visualização criativa, usei este recurso, sob o olhar atônito do meu marido – e não me arrependo nem um pouco. Eram apenas alguns minutos diários, mas isso resgatou em mim a responsabilidade acerca de mim mesma, o contato com a magia do fogo, o poder da oração, à maneira católica, tal qual eu fui doutrinada durante minha infância e adolescência. E percebi que alguns artifícios são não apenas válidos, mas necessários, principalmente quando nos desviamos do eixo.

Desde essa "ancoragem", muitas coisas curiosas aconteceram, nem sempre tão fantásticas como as descritas por diversos autores americanos, que, por seu estilo diferente de escrever e sua cultura tão materialista, sempre parecem misturar realidade e ficção em seus relatos algo fantasiosos. Mas eu simplesmente me dei conta dessa presença maravilhosa e recomendo a qualquer pessoa que faça uma tentativa de estabelecer contato com seus guardiães para que possa experimentar essa alegria infantil, essa chama de amor, esse colorido ímpar, que só pode ser despertado pelos mensageiros de Deus.

Terry Lynn Taylor[1] aponta certos procedimentos facilitadores desse contato com nosso anjo da guarda. Embora seja importante ter sempre em mente que o anjo nos acompanha *sempre, haja o que houver,* às vezes convém empregar estes artifícios até alcançarmos o estágio de "crer para ver". As sugestões da autora compreendem:

1) *O diário angélico* – Funciona como uma espécie de agenda onde devemos registrar frases, citações, figuras angélicas e também sincronicidades e acontecimentos que possam refletir a presença dos anjos em nossas vidas. Serve ainda – e principalmente – como um alerta para que não encaremos as adversidades da vida com tanta seriedade, mas que procuremos vivê-la "com a mesma leveza dos anjos".

2) *Tornar-se "otimístico"* – Significa abraçar com otimismo sua própria espiritualidade, despertando em você mesmo a *fé que remove montanhas.* Isso compreende uma certa dose de crença infantil (como fazer um pedido a uma estrela ou antes de assoprar as velinhas do bolo) e a visualização de coisas boas para a sua vida, alimentando so-

nhos, esperanças, sorte. Convém, para isso, deixar de lado o sofrimento e integrar uma boa dose de diversão e brincadeiras em seu cotidiano.

3) *Cultivar a imaginação e a fé* – Os autores são unânimes em relação a esse quesito. Segundo William Bloom,(2) "a chave para a ligação de sua sensibilidade às realidades dévicas (...) é dar livre curso à sua imaginação lúdica e, entretanto, ao mesmo tempo se colocando numa atitude de neutralidade mental". Terry complementa: "A imaginação é a arte e a prática de produzir criações ideais e formar imagens mentais claras. Sua imaginação é o seu futuro. É o único lugar onde o futuro existe. Quando deseja algo, você deve ser capaz de visualizá-lo e produzir uma imagem ideal em sua mente. Quando usa sua imaginação com fé, você sabe sem esforço o que quer e como atingi-lo, porque já o tem em sua mente. A sua imaginação é sua ligação direta com os anjos."

4) *Correio angélico* – Como *mensageiros,* os anjos são capazes de encaminhar nossos pedidos e desejos e não há mal nenhum em pedir-lhe o que quer que seja, pois sempre encaminharão nossas metas em favor do bem comum. No início, até estar "treinado" nesse tipo de procedimento, você pode escrever num papel o seu desejo em forma de carta ou bilhete (isso funciona, inclusive, como detonador de um processo criativo do seu próprio inconsciente, pois, ao verbalizar ou escrever, você elucida seus objetivos, tornando-os claros e compreensíveis também para sua porção racional. Você pode pedir dinheiro ou status diariamente porque todo mundo pede; mas, quando coloca isso no papel, pode perceber que tal idéia não faz sentido para você neste momento...). Estabeleça uma "caixa postal": um cristal, ima-

gem, livro, lugar de sua preferência. E boa sorte!

5) *Aventuras anti-seriedade* – Você já experimentou rir de alguma "desgraça" ou "tragédia?" Geralmente o que consideramos sério demais é o que tem menos importância real, no fim das contas. Muitas pessoas se preocupam tanto com a aparência ao visitar um cliente ou se apresentar numa entrevista de seleção de pessoal que acabam assumindo a babaquice da gravata ou do salto alto... os quais, na verdade, *não têm importância nenhuma!* O escritor Rubem Braga conta numa de suas crônicas o quanto se sentiu ridículo ao ter de escolher "um pedaço de pano" para vestir numa reunião importante (tratava-se de uma gravata). O bom mesmo é rir desses pequenos espalhafatos que fazemos pelas menores coisas. Além disso, o bom humor traz para perto de nós as doces figuras angélicas e sua agradável presença.

6) *Treinamento para a felicidade* – Este consiste em aceitar os ensinamentos angélicos e introduzi-los definitivamente em sua vida: humor, amor, beleza, leveza de ser e alegria. Abaixo os sofrimentos e preocupações desnecessárias! Isso implica *estar acordado*, viver o presente e não adiar a felicidade sempre para amanhã.

7) *Treinamento para a despreocupação* – Nada na vida é tão dramático, até porque nada realmente *é*, apenas *parece ser...* Pode parecer cruel, a princípio, mas tenho certeza de que colaboramos muito mais para iluminar os caminhos da alma de um certo querido amigo já falecido quando nos divertimos com as histórias que ele protagonizava como "azarão" (como a vez em que uma pomba em pleno vôo

acertou o seu "serviço" bem na lente de seus óculos enquanto ele, tranqüilamente, aguardava um ônibus) do que quando reverenciamos sua memória com lágrimas ou as tristes lembranças de sua revolta contra a carestia e os flagelos da sociedade. A crítica, o julgamento e a vaidade também são fatores de preocupação desnecessária. Os que vivem sofrendo por antecipação devem se perguntar, num lapso de lucidez, até que ponto isso realmente vale a pena...

8) *Revisão angélica na hora de dormir* – Trata-se de "passar a limpo" as atividades realizadas (ou não) durante o dia e pedir um aconselhamento aos anjos, que pode se manifestar através de sonhos ou intuições. Também vale planejar o dia seguinte, imaginando como será realizada cada etapa no lar e no trabalho.

9) *Ouvir a própria orientação interior* – Para isso pode-se recorrer à meditação ou às orações. Geoffrey Hodson(3) sugere que se faça uma invocação aos anjos pela manhã e uma ação de graças à noite. Recomenda ainda a criação de um pequeno altar composto de flores aromáticas, símbolos religiosos, um retrato do representante ou fundador da religião, água benta, incenso e velas. É claro que cada um deve compor seu altar à maneira pessoal. Terry acrescenta ainda cristais, conchas, ícones, objetos que lhe sejam sagrados.

10) *Uso de roupas e fragrâncias de que os anjos gostam* – Pode funcionar também como uma brincadeira, despertando nossa consciência ou até mesmo algum nível do nosso inconsciente. As cores indicadas são: rosa, magenta ou verde-claro para os *anjos guardiães do lar;* azul-safira-escuro para os *anjos curadores;* azul-celeste para os *anjos da maternidade*

e do nascimento; branco para os *anjos do cerimonial e os da música;* verde-maçã para os *anjos da natureza;* e amarelo para os *anjos da arte, da beleza e da sabedoria.* Quanto aos perfumes, Terry recomenda ter em casa flores, fragrâncias ou incensos que despertem o anjo que se quer atrair: *jasmim* e *rosa* para os anjos da guarda; *pinho* para os curadores; *sândalo* para os anjos da criatividade e as musas; *madressilva* para os mensageiros; *jacinto* para os anjos da alma; *gardênia* para os exterminadores de preocupações e corretores de prosperidade; *lilás* para os treinadores de felicidade.

Outra recomendação da autora é a utilização do infalível halo de luz branca visualizado em torno de qualquer pessoa ou coisa que desejemos proteger. Esses artifícios podem ser úteis para que encontremos o caminho a trilhar, e não devem ser encarados como crendices ou bobagens; talvez possam ser, apenas, tão tolos quanto tolos podem ser os anjos em sua pureza e candura.

Qual o método, não importa. Importante é que você escolha agora mesmo um dos caminhos propostos para se manter em sintonia com essas forças do bem, experimentando o prazer de estar em boa companhia, ao som das harpas celestiais, com a alma pintada de arco-íris e a fragrância de flores no ar.

NOTAS

(1) Taylor, Terry Lynn, *Anjos, Mensageiros da Luz.* Pensamento.
(2) Bloom, William, *Devas, Fadas e Anjos -- Uma Abordagem Moderna.* Palas Athena.
(3) Hodson, Geoffrey, *A Fraternidade de Anjos e de Homens.* Pensamento.

O Cotidiano em Boa Companhia

"Milhões de criaturas espirituais caminham invisíveis sobre a terra, tanto quando dormimos como quando estamos acordados."
(Milton)

Por *Regina M. Azevedo*

Como devemos nos comportar para usufruir da agradável companhia dos anjos? Devemos fazer nossos deveres, dizer nossas orações, comer de boca fechada, arrumar a cama pela manhã e seguir a fila em linha reta, compenetrados e comportados, sem olhar para os lados ou dar um pio? Será esse o tipo de comportamento que os anjos esperam de nós? Ou nos preferem ativos, alegres, deixando de lado a *obrigação* do trabalho pela *realização* no trabalho, vivendo com mais prazer e menos sisudez?

Sem sombra de dúvida, esses seres de luz querem pautar nossa vida através do seu próprio exemplo, imprimindo leveza e alegria em todas as nossas atividades e na expressão de nossos sentimentos. Geoffrey Hodson aponta certas virtudes apreciadas pelos anjos, dentre as quais *a paciência, a paz de espírito, a educação, a alegria, a perfeição, a observação, a busca da unidade em tudo o que se faz.*

Dorothy Maclean,[1] co-fundadora da comunidade de Findhorn, na Escócia, apresenta uma série de mensagens de devas e anjos recebidas por ela durante o período que viveu naquele lugar mágico, muitas das quais relativas aos mesmos temas apontados por Hodson. Reproduzimos a seguir alguns trechos ditados à autora por anjos e devas que julgamos mais expressivos[2]:

Sobre a alegria – "Alegria é aquilo com que trabalhamos, alegria é o que somos, o que vocês são. Deixem-nos mostrar-lhes isso, deixem-nos mostrar a humanidade total."

Sobre a pureza – "Que é a sujeira senão a própria substância deste planeta, aprimorada através de eras, o canteiro da vida à disposição de toda forma de vida, que não se reserva para si mesmo, mas é livre e removível para todos? Essa imensa pureza que você sente em nós é aplicável em seu maior grau à Terra. (...) Há alguns humanos que não gostam de nossa pureza, pois ela é estranha ao seu ambiente usual, e ainda há outros que não sentem pureza porque estão demasiado centrados em si mesmos (...)."

Sobre a unidade – "Filhos dos elementos, conscientes de que são compostos e fazem parte dos elementos, alegrem-se! O mundo e seus corpos foram aperfeiçoados através de longas eras, de modo que vocês possam encontrar e exprimir a alegria do Criador em todas as suas manifestações. Hoje, toda a humanidade está se destruindo porque se julga separada. Como vocês podem acreditar que são separados, como podem não saber que quando o vento sopra ele faz parte de vocês; que o Sol lhes dá e é parte de vocês com cada um de seus raios, que vocês vieram da água e que a água os une a todos; que sem o ar que vocês respiram vocês não viveriam. Como podem ser tão ignorantes, a ponto de não saber que, se um sofre, toda a consciência da Terra participa desse sofrimento e que, quando um se alegra, toda a consciência está ciente disso e se rejubila?"

Sobre o amor – "Diz-se que o mundo dévico não tem amor, e é verdade que nós não temos o amor limitado ou preferencial que os humanos têm. Nós simplesmente vivemos no amor, como os peixes na água. Vocês isolam o amor; vocês escolhem e selecionam a quem amar. Nosso reino é um mar de amor, pois nossos corações batem com o maior amor de todos, o amor em si mesmo, e nossas energias vão para todos os mundos, assim como a chuva se derrama sobre os justos e os injustos. Não poderíamos fundir nossas consciências se nosso amor fosse limitado. Cada qual se torna um com aquilo que ama; isso é evidente em toda parte. Quando você ama a Deus com todo o coração, corpo, mente e alma, torna-se um com Deus e, portanto, com tudo. Quando você ama só o seu limitado ser, você está só. Nós não conhecemos a solidão."

Sobre o senso de humor – "Muitos movimentos, como rios, fluem através das esferas desde o trono de Deus. Há movimentos graciosos como, por exemplo, o que se inicia como um pequeno ritmo e se estende a toda a vida, mantendo-se em contato com a beleza. Há uma graciosidade ligada à consciência de vocês, enquanto mantém uma ligação íntima com o alto. Mas nós apresentamos a você, acima de tudo, um senso de humor que pode operar, de imediato, em todos os níveis, que percorre o universo à velocidade da luz. Sendo ele mesmo luz, funde e eleva tudo aquilo com que entra em contato. Os devas do divertimento têm um imenso campo de ação, com entrada livre onde tudo o mais tenha falhado. Eles afetam todos os reinos, mas na humanidade eles têm pleno emprego."

Sobre os preconceitos – "Devido à universalidade de nosso interesse, nós estamos abertos a tudo e, assim sendo, recebemos várias ondas de comunicação sem nenhum impedimento. Como isso é difícil para vocês! Cada um de vocês está condicionado por seu passado e encerrado em suas lembranças, ao passo que nós somos livres para ser únicos e todavia somos receptivos a contribuições alheias. Vocês enfatizam e são guiados por suas diferenças ambientais; nós damos graças a Deus por sermos individualmente diferentes e, portanto, juntos perfazemos o Uno. Experimentem ouvir a vida sem preconceitos. Vocês são mais que esse pequeno padrão de comportamento criado por seu passado. Vocês são livres, claros, expressivos filhos de Deus, todos vocês. Desfaçam-se das limitações dos preconceitos. Sejam alertas para a vida, e então as mensagens da vida poderão passar por vocês como a onda de um riso ou uma profundíssima compreensão. Tudo pertence ao Uno quando vocês o permitem."

Sobre a perfeição e o estado de mudança das coisas– "Nada é o que foi. Até as criações do homem ficam ultrapassadas ou se deterioram. Nós, que vivemos na perfeição e dirigimos para a perfeição um mundo de energia criadora, gostaríamos de ter o homem conosco na criação desta perfeição. Então, até a perfeição mudará. Entre os homens há excessiva preservação de coisas e idéias. Vocês precisam vir para nosso mundo a fim de vivenciar mais diretamente os cintilantes turbilhões da vida externamente em movimento. Então compreenderão que, para acompanhar a marcha da vida, para fazer parte da Unidade de tudo, não devem apegar-se a nada senão ao Uno que, sendo sempre o mesmo, muda eternamente. A vida está sempre oscilando. Se vocês se firmam numa rotina, nós tentaremos desalojá-los dali. Pensem em nós e em nossos mundos vitais em transformação, e ergam-se para exprimir a vida nova."

Dorothy Maclean afirma convictamente que é capaz de falar com os anjos através de uma "voz interior" e garante que cada um, à sua maneira, possui a mesma capacidade. As belas mensagens aqui parcialmente reproduzidas são um exemplo dessa sua capacidade e de uma certa "intimidade" em relação com as legiões angélicas.

É claro que devemos introduzir em nossas vidas, na

medida do possivel, essas qualidades tão apreciadas pelos anjos. Aprender a amar, a demonstrar alegria, a viver o sentimento de unidade com tudo e todos, viver em paz, buscar o aprimoramento em tudo o que realizamos, tudo isso só pode nos trazer benefícios. Terry Lynn Taylor recomenda ainda que pratiquemos o perdão – aos outros e a nós mesmos –, saibamos manter com os demais uma relação empática e não *simpática* (nesta última nos envolvemos com o problema da pessoa, sentimos seu descontentamento e passamos a pensar como ela própria, sem poder ajudá-la a buscar uma solução para a questão), conservemos a tranqüilidade em todas as situações (até mesmo ante as adversidades) e busquemos a iluminação (através da meditação, do trabalho, das artes ou qualquer outro meio).

Além disso, Taylor oferece-nos algumas "pistas" sobre presenças angélicas: você pode sentir uma extrema sensação de leveza nas coisas que observa; ou uma cumplicidade no olhar ou no sorriso da pessoa que está à sua frente, um riso extraordinariamente contagiante, que soa como o tilintar de campainhas; um aroma peculiar de jasmim; ou a sensação momentânea de que seus compromissos mundanos são absolutamente ridículos ou sem importância. E pode ainda manifestar sua presença ajudando-o em pequenas tarefas cotidianas, como, por exemplo, carregar uma sacola pesada, ajudá-lo numa subida cansativa ou colocar uma pitada de "fermento mágico" na sua receita de bolo favorita. Num dia em que amanheci indisposta, precisava visitar um cliente e teria de atravessar a cidade para isso, não tive dúvida: contratei um "anjo motorista" para me guiar. Houve também uma ocasião em que um "anjo mecânico" ajudou meu carro a funcionar debaixo do maior aguaceiro para atravessar a ponte do Pacaembu (lugar sempre sujeito a enchentes em curto espaço de tempo). Não tenha pudor em solicitar uma ajuda extra: eles comparecerão.

É preciso ter cuidado, porém, com aqueles que Terry chama de "gozadores cósmicos": vivem despertando gargalhadas em situações em que outra atitude seria muito mais proveitosa. Como quando um idoso cai, por algum motivo (as quedas às vezes parecem ridiculamente engraçadas); nesses casos é mais proveitoso socorrê-lo e ampará-lo do que deixá-lo no chão enquanto você se contorce de rir. Outro hábito de que devemos nos desfazer é contar piadas preconceituosas ou sobre a tenebrosa situação política e econômica do País (isso reforça o negativismo que paira no ar). A certas situações "humorísticas" devemos resistir, pois não traduzem manifestações angélicas; convém estarmos atentos a isso.

Os anjos podem dar à sua vida um colorido especial de matizes inimagináveis, e o trabalho junto a eles ou em sua direção é um excelente exercício para os que desejam se manter em sintonia com as vibrações do pensamento positivo, com a maturidade e responsabilidade de quem conduz a própria vida em vez de se deixar conduzir. Aproveitem seus fluidos energéticos benéficos, trocando a solidão por excelentes companhias e vivências muito mais produtivas e divertidas.

NOTAS

(1) Maclean, Dorothy, *A Comunicação com os Anjos e os Devas*. Pensamento.

(2) Julgamos mais apropriada a transcrição literal de alguns poucos trechos do livro de Dorothy Maclean uma vez que o conteúdo do mesmo apresenta mensagens "canalizadas" pela autora, através das quais os anjos e devas se manifestam, muitas vezes na primeira pessoa do singular. Qualquer adaptação, na nossa opinião, tiraria o sentido original da obra. Quem desejar conhecer outros trechos, que abordem temas diversos aos aqui apresentados, deve reportar-se à obra original. (Nota do Editor)

Fórum Angélico

"Embora os anjos sejam ao mesmo tempo os mensageiros e a mensagem de Deus, isso não os torna mais fáceis de receber. Basta dizer que quase nunca os reconhecemos, mesmo quando batem à nossa porta."
(F. Forrester Church)

Por *Marina Elena Costa*

No início de 1992, a Saldiva & Associados divulgou uma pesquisa realizada com cerca de mil brasileiros de ambos os sexos e diversas idades sobre a credibilidade de diversas instituições da vida do País. Os resultados mostraram que, enquanto o governo, os políticos, as universidades e até a religião estão sendo vistos com cautela, os seres de outros planos têm merecido crédito: afora a compreensível fé em Deus (93% dos entrevistados), uma boa porcentagem dos entrevistados apontou os anjos (91%), santos (64%), gnomos (43%) ou fadas (17%) como dignos de confiança. Cerca de 73% dos entrevistados afirmaram já ter visto anjos. Segundo seus testemunhos, eles são altos, magros, louros, alados e do sexo masculino.

Para essas pessoas, os anjos são protetores e individuais; em ocasiões de grande aperto e aflição tornam-se visíveis e conversam com seus protegidos. As mulheres consideram que, além de protetores, os anjos são companheiros. Os homens, por seu lado, pensam que eles são amigos inseparáveis, que os protegem em seus empregos e até dos perigos que a vida numa grande metrópole proporciona.

Sinopse dos anjos mais conhecidos

Gabriel (do hebraico *gebher*, "homem", e *el*, "Deus"): Homem de Deus, ou Força de Deus. Na Bíblia, apareceu para o profeta Daniel e para Maria, a mãe de Jesus; no Alcorão, era o anjo da guarda do profeta Maomé. Preside o paraíso. É associado a uma trombeta, simbolizando a voz de Deus. Portador de notícias, deflagrador de mudanças. Governa o norte.

Uriel (do hebraico): Fogo de Deus. Anjo da profecia e da inspiração, ligado às artes e ao ensino. Líder dos serafins, é associado à interpretação e à salvação. Traz idéias transformadoras para a concretização das metas (especialmente para os fracos e/ou desanimados). Seu símbolo é o pergaminho. Está ligado a emergências e julgamentos. Rege o sul.

Miguel (do hebraico *Mikha'el*, "Quem é Deus?"): O comandante dos exércitos celestes, combate o dragão-Satã no Apocalipse bíblico. Depura pessoas, grupos ou localidades da discórdia e do mal. Associado à coragem, é invocado como o protetor contra as adversidades e colaborador do sucesso. É representado com armadura, escudo e espada. Governa o leste.

Rafael (do hebraico *Rapha*, "curar", e *el*, "Deus"): Deus Cura, ou Curador Divino. Encarregado de curar a Terra e também os humanos que nela habitam. Trabalha com hospitais, instituições e lares onde as vibrações de cura são necessárias. Está associado à criatividade, à inteligência, à curiosidade sadia e ao aprendizado. Seus símbolos são um frasco dourado de bálsamo, uma espada ou uma flecha bem afiada. Rege o oeste.

Metatron: Rei dos Anjos. Ligação entre o humano e o divino, é o responsável pelo sustento da humanidade, associado à suprema abundância. Quando invocado, pode surgir como um pilar de fogo; a luminosidade de seu rosto ofusca a do Sol.

Haniel (ou *Aniel*): Glória ou Graça de Deus. Ligado a todos os poderes do amor, é invocado como força contra o mal.

Raziel: Segredo de Deus. Anjo dos mistérios, é o guardião da originalidade. Mora em Chokmah, o império das idéias puras.

Auriel: Anjo da noite, associado à Terra. Simboliza as

forças criativas em ação no inverno, o período da decadência e do despojamento.

As correlações astrológicas dos anjos

Gabriel governa janeiro e o signo de Aquário.
Barchiel governa fevereiro e o signo de Peixes.
Machidiel governa março e o signo de Áries.
Asmodel governa abril e o signo de Touro.
Ambriel governa maio e o signo de Gêmeos.
Muriel governa junho e o signo de Câncer.
Verchiel governa julho e o signo de Leão.
Hamaliel governa agosto e o signo de Virgem.
Uriel governa setembro e o signo de Libra.
Barbiel governa outubro e o signo de Escorpião.
Adnachiel governa novembro e o signo de Sagitário.
Hanael governa dezembro e o signo de Capricórnio.

Rafael rege o Sol e o domingo.
Gabriel rege a Lua e a segunda-feira.
Samael rege Marte e a terça-feira.
Miguel rege Mercúrio e a quarta-feira.
Haniel rege Vênus e a quinta-feira.
Hanael rege Saturno e a sexta-feira.
Zadkiel rege Júpiter e o sábado.

Anjos no dia-a-dia

Alguns dos livros recentes publicados sobre os anjos têm procurado enriquecer seu conteúdo através de relatos de pessoas comuns (e outras nem tanto) cujo convívio com esses seres celestiais já foi testemunhado. Apresentamos aqui narrativas pinçadas dessas fontes.

Sophy Burnham é uma escritora americana que não acreditava em anjos até que, aos 28 anos, sua vida foi salva por um deles. A partir daí, ela descobriu o assunto, que lhe rendeu o livro *A Book of Angels*, lançado em 1990 pela Ballantine Books. Na obra, ela cita uma ocasião em que, residindo no Brooklyn (bairro de Nova York), estava se preparando para um piquenique na praia com suas crianças e outros convidados quando se sentiu presa de uma grande ansiedade: ela *devia* ir almoçar em Manhattan (a uma boa distância do Brooklyn) com seu editor. Seguindo a instrução mental, apesar dos contratempos que ela causou, Sophy encontrou-se num restaurante com o editor e notou que numa das mesas vizinhas estava sentado um homem que ela não via por cerca de uma década. O encontro casual possibilitou-lhes concluir negócios que estavam se arrastando por todos aqueles anos. Se a escritora não fosse almoçar com seu editor naquele dia exato, muito dificilmente encontraria aquele homem novamente.

Outra narrativa envolve uma filha de Sophy, Molly. A garota planejara passar a noite com uma amiga em Manhattan, mas sentiu que *tinha de* voltar ao seu lar no Brooklyn. Apesar da hora indigesta para enfrentar um metrô nova-iorquino – uma da manhã –, ela seguiu a mensagem a tempo de encontrar e conduzir uma velha senhora que precisava voltar para casa.

Uma moradora da África do Sul mandou para Sophy duas histórias do tempo em que ela residia na Holanda. Na primeira, ela andava rumo à casa de seu irmão para um encontro às 18h30. Sem relógio, ela se preocupava em saber as horas quando um imenso relógio apareceu no céu à sua frente, marcando 18h20. Ela posteriormente não localizou nenhum relógio nas redondezas.

A segunda história se desenrolou na época da Segunda Guerra Mundial. A mulher andava velozmente de bicicleta em meio à escuridão quando ouviu uma voz gritar bem alto: "Pare!" Ela imediatamente deteve a bicicleta e descobriu que escapara de morte certa: a ponte que deveria estar ali fora bombardeada pelos alemães e jazia quase dez metros abaixo do nível da rua.

Outro relato envolvendo tráfego foi enviado a Sophy Burnham por uma senhora do Tennessee (EUA). Ela dirigia de volta para casa quando uma voz interior a alertou insistentemente: "Mão única, mão única." A motorista pensou: "Bem, isso é idiota – eu *sei* que esta rua tem mão única." Mas acabou dando distância em relação ao carro que ia à frente. De súbito, um outro veículo irrompeu na rua, na contramão, e quase colidiu com o carro da frente. A motorista percebeu que, sem o aviso, não só poderia ter sido abalroada pelo infrator como, estando mais perto do carro da frente, poderia tê-lo atingido quando ele brecou.

Francis Jeffrey escreveu uma interessante biografia sobre o famoso neurofisiologista e pesquisador de golfinhos John Lilly (*John Lilly, So Far...*) na qual se mostra a afinidade que esse importante cientista teve com anjos desde o início de sua vida. Lilly denomina os anjos que o contatam de *Guardiães* ou *Seres*, e seu primeiro encontro ocorreu foi quando ele ainda era muito pequeno. Lilly quase despencou de um rochedo, mas o cão da família o puxou. Sem perceber o perigo que correra, o garoto ficou enraivecido com o cão por ter-lhe estragado o casaco e machucado seu ombro com os dentes. Foi o momento em que o guardião surgiu e explicou-lhe: "Você não deve ficar zangado com o cachorro, porque eu fiz com que ele o puxasse da beira do rochedo. Fiz isso para evitar que seu corpo ficasse bastante ferido pela queda."

Dos três aos oito anos, Lilly teve dois companheiros espirituais constantes, por ele designados como seus anjos da guarda. Segundo sua descrição, eles eram muito bonitos, com cabelos loiros e grandes asas brancas, que abanavam o garoto nos dias quentes.

Aos sete anos, o futuro cientista foi convidado por seus amigos espirituais a ir à igreja para ter uma visão de Jesus, de Maria, dos santos e de Deus. Ali ele presenciou um espetáculo de indescritível beleza: milhares de anjos cantavam reverenciando Deus. A experiência foi tão marcante que, embora fosse advertido de que não deveria contá-la a ninguém, Lilly descreveu o que vira a uma freira. Esta não se conformou; disse ao garoto que só os santos tinham visões dessa natureza, e que ele não deveria mais mentir. Lilly entendeu que, como não era um santo, dissera então algo muito errado. Posteriormente, seus guardiões lhe contaram que, com o passar dos anos, ele aprenderia quando e como poderia relatar essas mágicas vivências.

Na biografia, Lilly define seus anjos, assim como os demais, como integrantes da ECCO (*Earth Coincidence Control Office*, ou "Escritório Terrestre de Controle de Coincidências"). Através dessas coincidências – ou sincronicidades, diria Carl Jung – eles ensinam suas lições, sejam elas de qual teor forem.

Apêndice

Para Entender os Anjos

(entrevista realizada com o angelólogo Dr. Eduardo Cunha Farias)

"Silenciosamente, um por um, nos infinitos prados do céu, florescem os admiráveis astros, os miosótis dos Anjos."
(H. W. Longfellow)

Por *Regina M. Azevedo*

O que são ou quem são os anjos?

São seres de natureza espiritual, de uma linhagem distinta da nossa – ou seja, anjos não viram homens nem vice-versa –, cuja função primordial no cosmos é a retransmissão de energia divina. Por isso são ditos ministros de Deus, co-agentes da criação divina, etc. Os anjos recebem a energia, modificam-na quer em qualidade quer em quantidade e a distribuem a tudo que existe. Por isso, há desde anjos que organizam o universo aos que presidem o movimento das partículas subatômicas, porque tudo existe por vontade divina e isso significa que a tensão divina está concentrada sobre as coisas, Deus projeta energia sobre tudo, mas sempre canalizada pelos anjos.

Quem é, e como interage com o seu "protegido", o anjo da guarda?

O anjo da guarda seria o último anjo a projetar a energia divina sobre o homem, o mais distante de Deus e o mais próximo do homem.

Num dos livros sobre elementais, vi uma definição interessante: um duende, por exemplo, teria certo domínio sobre sua planta protegida e saberia, inclusive, qual o seu "destino", como ela deveria se desenvolver, qual o tamanho dos galhos, etc. O anjo da guarda teria o mesmo papel, ou seja, conheceria nosso carma e nos ajudaria a cumpri-lo, agindo como um facilitador?

Sim. Como eles são co-agentes da criação, têm em si todo o conhecimento das leis divinas que o homem não tem. O homem erra quando se afasta, contraria ou ofende as leis e acerta quando vai de encontro a elas. A participação do anjo, nesse sentido, é que ele sempre procura alertar o homem, de alguma maneira, para que não se desvie do caminho criativo, caindo na senda destrutiva. O que atrapalha é que a maior parte da humanidade é surda para a linguagem angélica.

Então eles "saem de férias" quando a humanidade está muito surda?

Não, eles jamais saem de férias, porque se eles se afastassem de nós e rompessem o vínculo energético, simplesmente deixaríamos de ser, desapareceríamos. O anjo da guarda está sempre junto a nós durante a vida e estamos sempre envoltos em sua luminosidade; ele projeta luz a uma certa distância e estamos sempre dentro dessa cúpula luminosa.

Então por que ocorrem as fatalidades, os acidentes?

Porque o homem provoca. Temos de chamar para nós mesmos essa responsabilidade; muitas tragédias da vida do homem são problemas cármicos, questão de ação e reação, da grande Lei.

Além do anjo da guarda podemos contar com a ajuda de anjos extras, auxiliares?

É evidente que sim; há, inclusive, o que chamamos "anjos da guarda artificiais". O anjo da guarda, como todo anjo, é um ser passivo. Ele interfere, sugere, mas jamais determina, propõe, jamais ordena. Ele poderá alertar o homem para se desviar ou não de determinado caminho, mas quem decide é o próprio homem, que é um ser ativo, possui o arbítrio que o anjo não tem. Mesmo no caso de uma criancinha que morre inesperadamente, a morte faz parte do seu aprendizado; evolutivamente, ela pode ser até mais velha que os próprios avós, não é inocente; ninguém nasce tábula rasa em termos espirituais.

Quem são esses anjos "artificiais"?

Os artificiais, na verdade, são formas-pensamento, porque todo pensamento gera instantaneamente uma forma no plano astral. Posso dar um exemplo bem didático: uma mãe isolada do mundo, com um filho doente. Chega um momento em que ela se sente totalmente impotente e imagina um anjo, implora que ele venha junto à cabeceira da criança. E, nesse estado de desespero, ela pode não só imaginar isso com uma força plasmática muito grande, como ter uma abertura de visão, uma alteração de consciência. Então ela poderá ver essa figura que acabou de plasmar e fica estupefata; passa a acreditar naquela presença angélica, que ela nem sabe que criou. Só que um anjo artificial funciona também, passa a ser um meio de canalização energética. Aí a criança já conta com a proteção de dois anjos, porque há também o seu anjo da guarda natural. Mais tarde a mãe conta essa história para as pessoas e, quanto mais a recontarem, mais essa figura se solidifica em níveis astrais.

Esses anjos são produtos da imaginação humana; também podem ser frutos de visualização criativa – os magos criam elementais artificiais para seus estafermos; no plano etérico, existem devas artificiais criados pelo homem, que é um Deus nascente, com potencial criativo. Nós somos as formas-pensamento de Deus. E somos capazes de criar elementais e devas pelo poder do nosso pensamento. Estes nascem a partir do chacra solar, na chamada "lesão do querubim".

E às vezes esses anjos atravessam décadas, cada vez mais fortalecidos, porque acabaram se tornando anjos familiares, A história vai passando de geração a geração, virando às vezes uma espécie de lenda. O anjo passa a existir, como o Papai Noel existe, vivo, no astral.

Algumas pessoas fazem contato com o que chamam "guia espiritual" ou "mestre interior" (várias denominações são dadas a isso). Este é também um tipo de manifestação angélica?

Pode ser. O problema é que a maior parte das pessoas não consegue distinguir uma coisa da outra. Muitas vezes você está contatando seu próprio Cristo interno, seu eu superior, aquela centelha divina que existe dentro de você. Outras vezes você está em contato com um humano desencarnado que o acompanha e que pode ser um guardião, um auxiliar seu, uma pessoa da família; ou alguém que você nem conheceu nesta encarnação, mas que o acompanha de vidas anteriores; e pode ser também um espírito angélico. Cumpre distinguir um do outro. "Meu guia espiritual" é um termo muito vago. Qual a natureza desse guia? A própria pessoa tem de aprofundar esse relacionamento para descobri-lo; tanto pode ser o anjo da guarda como outros anjos de diferentes hierarquias. Se o indivíduo for um músico, por exemplo, atrairá desde silfos, que apreciam muito a vibração musical, até anjos da música, de planos bem elevados do cosmos.

Algumas pessoas falam de anjos que provocam milagres; outras falam de anjos da sincronicidade. Há diferença entre eles?

As duas formas estão corretas. O milagre é a suspensão natural das leis naturais, como a abertura do Mar Vermelho ou a levitação de um ser humano, que contraria as leis da física. Os anjos são capazes de promover milagres. Já as sincronicidades são um tipo muito expressivo de comunicação angélica. Quando você se comunica com os anjos, isso ocorre de diversas maneiras; poderão surgir através de uma vivência clarividente, poderão falar com você, poderão intuí-lo, informá-lo através de um episódio de sonho e poderão agir através desses fenômenos de sincronicidade. Vamos supor que eles achem que você deve se dirigir a determinado lugar; você pode sonhar que está num novo emprego, onde as pessoas falam num idioma estrangeiro. Um belo dia, você sai à rua e encontra por acaso, numa livraria, um dicionário de tailandês e o leva para casa. Depois de um tempo, um amigo fala que está em negociação com uma pessoa da Tailândia e o convida para jantar com eles; em seguida alguém aparece no seu emprego atual e lhe faz uma proposta, dizendo que quer entrar para o ramo de importação/exportação e gostaria que você assumisse um dos escritórios –exatamente na Tailândia. Esse tipo de coincidência é chamado sincronia; o que costumamos chamar de "cúmulo da coincidência" não existe.

Em seu livro As Valkírias, *Paulo Coelho relata uma experiência que teve com seu anjo no deserto. Ele afirma na obra que os anjos só fazem milagres, ações que envolvem o "dedo de Deus", e não sincronias, que podem ser fruto do inconsciente do homem. Mas você considera que ambas as categorias podem se enquadrar como trabalhos angélicos...*

Sim, porque Deus se manifesta através dos anjos. Há anjos que trabalham a nível do inconsciente humano, pois para Deus nada é impossível. Mesmo essa interferência a nível inconsciente a que chamamos sincronia poderia ser considerada um milagre, se ela implicasse suspensão de leis naturais. Deus sempre se faz ouvir através das trombetas dos anjos. *Angelós* significa mensageiro e você percebe isso na Bíblia, onde o anjo *anuncia, diz, expulsa Adão e Eva*. Eles são serviçais divinos e podem também se manifestar através do inconsciente do homem.

Qual a relação entre as preces e os anjos?

Orar sempre é bom, e toda prece que você encaminha

diretamente a Deus, ou através de um santo, sempre será canalizada através dos anjos, que são os condutores.

Os santos podem ser considerados anjos evoluídos?

O santo católico corresponde aos adeptos, humanos os quais atingiram um grau de evolução espiritual que lhes permite ficar acima das leis naturais planetárias; por isso eles fazem milagres, porque já pairam acima das leis físicas, químicas, biológicas, etc. Não há mais necessidade de encarnarem aqui, porque já aprenderam tudo, inclusive a suspender as leis neste plano. Eles poderão voltar não mais como carma, mas como darma, não mais como alunos, mas como mestres. Ao santo ou adepto apresentam-se sete sendas de volta a Deus, correspondentes aos sete raios; e a segunda senda, correspondente ao segundo raio, é a que criou o reino dévico. Então o adepto poderá escolhê-la e funcionar como um anjo. Ele estaria na categoria das Almas Glorificadas do Homem (veja no capítulo *"As Hierarquias Angélicas"*, à página 43).

Existe alguma ligação entre os salmos de Davi e os anjos – alguma invocação especial que se faz através dos salmos?

Já ouvi dizer que sim, mas não tenho experiência pessoal para lhe confirmar ou não isso.

Qual a relação entre anjos e velas?

Todos esses rituais servem mais ao homem que aos anjos. Os rituais são muito mais ligados à necessidade ou dificuldade de o homem se concentrar, ordenar seus pensamentos, que qualquer outra coisa. Na realidade, tudo está dentro de você. Se você não sabe sequer que existem anjos, mas é uma pessoa empenhada numa profissão de cura –

uma médica, por exemplo, que age com amor e sabedoria –, não é preciso invocar anjo nenhum porque existem legiões à sua volta ajudando você nessa tarefa. Alguém que tenha profundo amor pelas plantas viverá rodeado de elfos e fadas do reino vegetal, e uma série de outros anjos estarão canalizando energia para as pessoas que são empáticas a eles e estão em contato amoroso com o reino ao qual eles se dedicam energeticamente. Aí a pessoa se sente renovada, esquece sua dor e seus problemas.

As pessoas querem invocar anjos e colecionar livros de preces, mas isso não vale nada se não estiverem amorosamente sintonizadas. Há inclusive uma frase que se diz, a propósito das bênçãos dos anjos: "não peça", por exemplo, "dinheiro aos anjos, porque eles podem te atender". E aí o que você vai fazer com esse dinheiro? Você pode transformar sua vida num inferno e botar a perder sua encarnação. O que você deve pedir a ele é "me dê uma luz, uma visão, uma inspiração para que eu encontre o melhor caminho onde nada me falte e eu possa viver em harmonia". Pode, de um modo genérico, pedir prosperidade, abundância do que lhe falta, porque, às vezes, você nem sabe o que lhe falta realmente; pode pedir harmonia, saúde, essas coisas. Mas não peça um marido, um carro novo, não peça bobagens porque você corre o risco de receber e aí se dar muito mal.

Nesse caso poderíamos deixar para o anjo dar um mãozinha na escolha? Você falou que eles não têm livre-arbítrio; se não pedirmos exatamente o que queremos, será que eles saberão nos ajudar?

Eu estou falando no anjo, mas a situação real que se apresenta, esotericamente, é a seguinte: você não tem uma causa amorosa, nobre para pedir determinada coisa; você está pedindo dinheiro, por exemplo, para pisar nos outros, compensar suas frustrações ou adquirir status. Nessa freqüência vibratória negativa, quem vai ouvi-lo e atendê-lo são os seres das trevas. Os anjos ouvem, mas, como são seres positivos, se mantêm à distância, você cria uma barreira. Os anjos das trevas então se aproximam e atendem seus desejos. Funciona como nos ritos primitivos em que o indivíduo paga por seus desejos com sangue, dinheiro, etc.

Existe alguma relação entre anjos e cores ou aromas?

Existe uma linguagem angélica; eles se manifestam de diversas maneiras, e uma delas é através da clariaudição de uma melodia, uma música maravilhosa, indescritível, chamada música das esferas, que é a própria vibração angélica, o bater das asas dos anjos nas esferas superiores. A pessoa pode reconhecer a presença angélica ao ouvir essa música. Outra forma de manifestação é começar a ver luzes coloridas; e uma terceira manifestação – esta a mais inferior – é sentir aromas agradáveis.

Aromas florais, rosa, jasmim?

Geralmente de qualidades florais.

Vestir-se de determinada cor ou usá-la na decoração para atrair os anjos é uma proposta válida?

Os anjos não precisam ser agradados. O que os atrai ou repele é a qualidade interior do indivíduo, sua vibração própria. Não adianta usar a cor mais luminosa se internamente você está negro. Se você se sentir bem e quiser compatibilizar esse sentimento com a cor ambiente, tudo bem.

Quando o ambiente está inexplicavelmente alegre, as pes-

soas riem à toa, os anjos estão presentes?

Não é porque eles estão presentes que o ambiente fica alegre; a alegria é gerada pelo homem. Eles se aproximam por isso, e não o contrário, que o ambiente esteja alegre porque eles estão presentes.

Mas dizem que anjo não gosta de mau humor...

Isso é verdade. Na realidade, temos de aprender, compreender e tentar vivenciar ao máximo as leis divinas. No momento em que você entende que não existe injustiça, mas ação e reação, e a partir daí passa a participar de tudo o que acontece na sua vida, responsabilizando-se por isso, você aprende que Deus não castiga nem premia – é o homem que se castiga, premia, adoece e se cura.

Você falou sobre a doença e os livros sobre o assunto trazem vários capítulos sobre anjos de cura. Como eles agem?

Quem adoece ou cura o homem é o próprio homem, como eu já disse. Os anjos de cura atuam sempre junto às pessoas enfermas e podem também ser invocados, atuar junto aos médicos, mas sempre numa participação tipicamente angélica, passiva. Se você pede ajuda aos anjos de cura, eles vêm e limpam ou isolam a atmosfera sutil ao seu redor para que você, sem influências negativas parasitárias ou de qualquer outro tipo, possa mobilizar suas defesas e se curar.

Esses anjos têm algum nome especial para serem invocados?

Sim. Há anjos específicos de cura, para diferentes moléstias ou grupos de moléstias, sejam oftalmológicos, ortopédicos, etc. Seus nomes são encontrados dentre os 72 anjos da cabala, mas esse já é um conhecimento bastante esotérico, pois a pronúncia correta do nome do anjo é importante e requer conhecimentos de hebraico antigo, por exemplo. Mas lembre que uma doença também tem outros componentes; por isso, além dos anjos que trabalham no isolamento do corpo físico existem os anjos construtores das formas mentais ou astrais que atuam em outros níveis do homem, da energia emocional, racional, etc. Os anjos de cura também podem tentar atuar junto ao médico buscando instilar-lhe intuições para que ele chegue mais rápido a um diagnóstico.

Você afirma que não existem anjos humanos. Mas haveria pessoas que manifestam qualidades angélicas?

No dia em que estivermos na condição de adeptos, poderemos seguir a senda angélica de evolução de volta a Deus; mas não é exatamente que venhamos a nos tornar anjos, vamos apenas adotar um estilo de evolução do tipo angélico. Pessoas com características angélicas, alguém que dizemos ser "um anjo de bondade", existem apenas como força de expressão.

Certos artifícios, como o correio angélico recomendado por Terry Lynn Taylor em seu livro Anjos – Mensageiros da Luz, *são de alguma validade?*

Isso funciona porque, quando a pessoa escreve, ela verbaliza, equaciona o problema. Isso vai ajudá-la a mobilizar suas próprias defesas psíquicas profundas e, no momento em que está buscando seu reequilíbrio, como isso é um ato de amor, pode atrair os anjos e eles vão cooperar com o trabalho dessa pessoa. Mas tudo isso é dispensável, desde que você tenha condições de trabalhar num outro nível. Não é preciso se colocar em posição de lótus, nada disso; simplesmente, se você está andando na rua, ou esperando alguém, pode ficar conversando mentalmente com eles como se estivesse falando com uma pessoa e isso vai funcionar da mesma maneira, desde que seus propósitos sejam amorosos.

Agora, é claro, se você tem um problema e acredita nos seus cristais, tem uma pedra de estimação, pode muito bem escrever seu problema num papel e colocá-lo sob o cristal, fazer um pensamento do tipo: "Este cristal vai atrair a luz para resolver o meu problema e essa sabedoria se manifestará através de um sonho, um símbolo, etc. que me fará encontrar a melhor solução." Isso funciona, assim como o correio angélico. Lidar com uma coisa mais sólida e concreta torna mais fácil concentrar a atenção; mas nada disso é necessário.

A figura angélica tem correspondente em todas as religiões ou só aparece na cultura judaico-cristã?

As presenças elementais e angélicas superiores fazem parte de todas as concepções culturais, das mais primitivas às mais evoluídas, de todas as épocas, até mesmo as desaparecidas que deixaram registros. São chamados anjos, gênios (dos judeus, mas os romanos também adotaram esse termo), os *daimons* gregos (que era o anjo guardião; Sócrates conversava com seu daimon), os guias espirituais, os orixás, deuses em geral, os espíritos da floresta, os camis japoneses, são as presenças vivas, os deuses.

Os anjos possuem forma?

Não. Na realidade, eles são uma vibração, uma certa quantidade de matéria elemental, fluido cósmico, como quiser. Mas podem, desde gnomos a anjos mais elevados, agregar matéria, inclusive densa, e criar uma imagem que a pessoa identifica com a imagem do anjo. E pode ser tanto essa imagem convencional como de uma pessoa, um caminhante, etc. Já no caso de um gnomo, por exemplo, ele pode aparecer como um redemoinho, com os fogos de artifício, aquele turbilhonamento de luz e de cor; mas a nossa tela mental pode plasmar sobre isso a forma arquetípica do anãozinho. Uma fada, que é uma forma mais evoluída, pode aparecer como dois vórtices rodando; já um anjo propriamente dito pode aparecer como uma estrela de cinco pontas, a figura pentagramal, a mesma na qual o homem se inscreve. Mas o anjo não é parecido com o homem nem vice-versa. Outras formas mais evoluídas podem aparecer como um oval de luz ou um clarão sem forma definida, um sol; ou então, a partir do plano mental.

Entre o plano mental e o causal há uma fronteira que chama limite da forma; então há forma no plano físico, etérico, astral e mental, os planos rúpicos, com forma, modelados. Depois nos planos causal, nirvânico, búdico, etc., nesses não há mais forma. Nas representações artísticas, os serafins, os anjos mais evoluídos, eram representados com quatro asas e nelas, ao longo das penas, havia olhos, aqueles que viam tudo. Eles são pleiomórficos (com forma flutuante ou que pode assumir diferentes formas), podem se apresentar na forma que seja mais fácil à comunicação. Por isso, os "amiguinhos invisíveis" das crianças podem ser elementais com os quais eles brincam ou mesmo o próprio anjo da guarda que pode aparecer na forma de uma outra criança, ou até mesmo um brinquedo animado.

Você poderia nos contar uma experiência pessoal que tenha tido com os anjos?

Tive muitas, algumas com significado conhecido e outras com significado obscuro até o momento. Minha vida, por exemplo, é repleta de sincronias, que eu sigo à risca. Mesmo acostumado com isso, elas me deslumbram.

Vou relatar uma das quais ainda não descobri o significado, talvez porque esteja em curso no momento. Há cerca de um ano, um amigo me trouxe um saco com mudas de bromélias extraídas de uma mata, cujos troncos em que viviam provavelmente tinham sido levados. Levei-as para a minha chácara e plantei tudo; eu já tinha algumas lá, mas nada em especial. Aí eu comecei a prestar mais atenção nelas.

Pouco tempo depois, recebi um catálogo via mala-direta de um viveiro em Santa Catarina que possui a maior coleção de bromélias do mundo – inclusive, são grandes exportadores; não sei como conseguiram meu nome, mas deve ter sido de outros viveiros, porque eu compro plantas por reembolso postal. Então resolvi comprar algumas e aumentei bem o meu viveiro. Passado pouco tempo, ganhei outra bromélia de presente. Depois comecei a ter apetência por abacaxi, que é da família das bromélias – inclusive, meus pés de abacaxi deram frutos como nunca.

Aí houve um dia de tempo nublado em que eu me dispus ir à Liberdade para andar um pouco e faria o trajeto de ônibus. Andei cerca de 50m em direção ao ponto do ônibus e ouvi nitidamente uma indicação para entrar numa travessa à direita; pensei então que talvez eu encontrasse alguém ali. E caminhei na expectativa de ver alguém conhecido. Então a rua terminou e eu pensei: "OK, então agora vou na direção do ponto do ônibus." Assim que dobrei a esquina, deparei com uma montanha de bromélias cortadas; então percebi que elas é que haviam me chamado. Trouxe tudo para casa, limpei e levei para plantar no sítio.

Até hoje não sei por que isso aconteceu, mas provavelmente estou precisando da energia delas, porque cada espécie de planta tem sua energia peculiar. Se você tem um pedaço de terra ao qual está amorosamente ligado, surgirão ali as plantas de que você precisará para se manter equilibrado. Se você tiver uma propensão a um problema renal, a terra pode ficar infestada de quebra-pedras, e assim por diante. As chamadas ervas daninhas que aparecem na terra à qual a pessoa está ligada fornecem o seu perfil biomédico; isso é um tipo de magia vegetal...

Que recomendações você daria às pessoas que queiram agradar seus anjos da guarda?

Os anjos agora estão na moda e, por isso, algumas pessoas me procuram para perguntar as coisas mais tolas; vivem correndo atrás de seus anjos, mas, ao mesmo tempo, estão muito angustiadas, porque se preocupam em agradar seus anjos para eles ficarem ou saírem junto com elas, não irem embora... Lembrem sempre que anjos são seres passivos, estão lá para servir e ponto final. A melhor maneira de se comunicar com o anjo é através do pensamento e da ação positivos, tornando mais fácil a sua missão de fazê-lo cumprir o seu carma.

PEQUENA BIBLIOGRAFIA SOBRE ANJOS

São Tomás de Aquino, *Suma Teológica, vol. II*, Sulina-UCS.

Bloom, William, *Devas, Fadas e Anjos – Uma Abordagem Moderna*, Palas Athena.

Café, Sonia, e Inneco, Neide, *Meditando com os Anjos*, Pensamento.

Hodson, Geoffrey, *O Reino dos Deuses*, O Reino dos Devas e dos *Espíritos da Natureza* e *A Fraternidade de Anjos e de Homens*, Pensamento.

Lenain, *A Ciência Cabalística*, Martins Fontes.

Livraga, Jorge Angel, *Os Espíritos Elementais da Natureza*, Nova Acrópole.

MacIntyre, Archibald Joseph, *Os Anjos, Uma Realidade Admirável*, Edições Louva-a-Deus.

Maclean, Dorothy, *A Comunicação com os Anjos e os Devas*, Pensamento.

Maha, *O Trabalho dos Anjos e Gnomos na Terra*, Editorial Maha.

Motta, Renato, *Revelações de um Anjo da Guarda*, Rio Fundo Editora.

Ronner, John, *Você Tem um Anjo da Guarda*, Siciliano.

Steiner, Rudolf, *Qual a Atividade do Anjo em Nosso Corpo Astral*, Antroposófica.

Swedenborg, Emmanuel, *O Céu e o Inferno*, Editora e Livraria Swedenborg.

Taylor, Terry Lynn, *Anjos, Mensageiros da Luz – Guia Para o Crescimento Espiritual*, Pensamento.

Impresso nas oficinas da
EDITORA PARMA LTDA.
Telefone: (011) 912-7822
Av. Antonio Bardella, 280
Guarulhos - São Paulo - Brasil
Com filmes fornecidos pelo editor